Inhaltsverzeichnis

①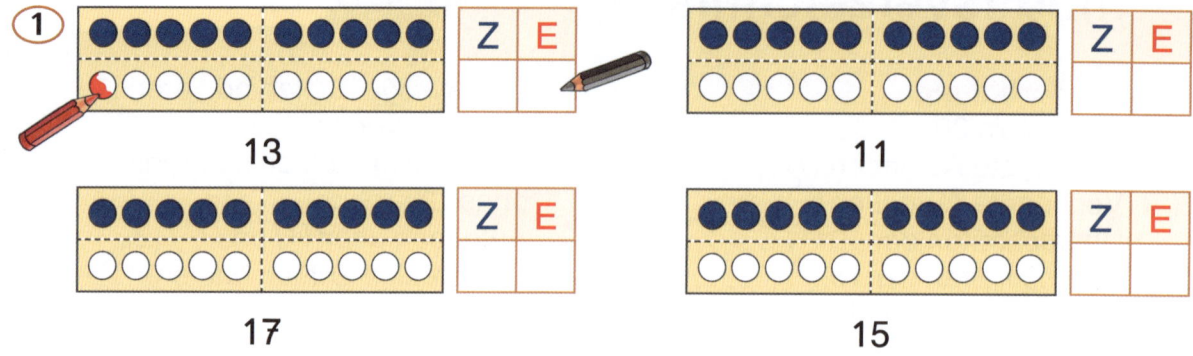

13   11   17   15

② Verbinde.

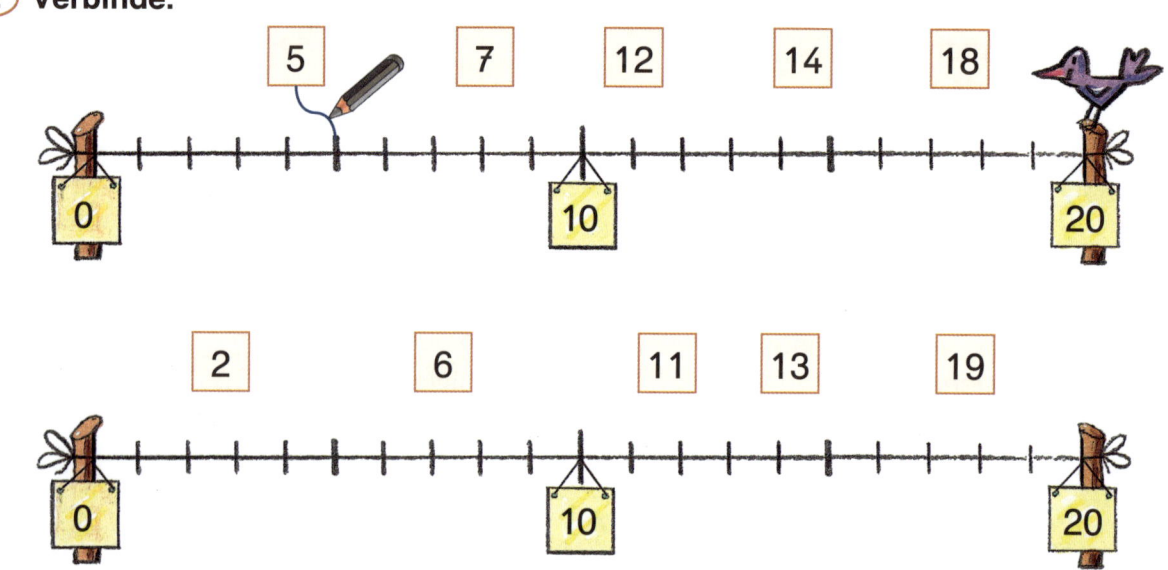

③ Zähle vorwärts.

④ Zähle rückwärts.

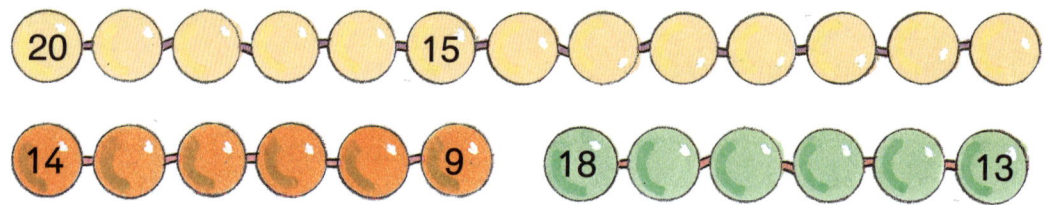

5 **Trage die Nachbarzahlen ein.**

a)

Vorgänger	Zahl	Nachfolger
	13	
	16	
	11	
	18	

b)

Vorgänger	Zahl	Nachfolger
	17	
	12	
	19	
	15	

6 **Vergleiche:** <, =, >

17 ◯ 16   13 ◯ 14   20 ◯ 10

5 ◯ 15   12 ◯ 12   18 ◯ 17

16 ◯ 18   15 ◯ 17   19 ◯ 9

20 ◯ 12   11 ◯ 11   14 ◯ 15

7 **Ordne die Zahlen. Beginne mit der kleinsten Zahl.**

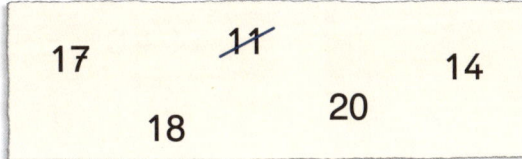

17   ~~11~~   14   18   20

12   15   19   13   16

geordnet: 11 , ____, ____, ____, ____   geordnet: ____, ____, ____, ____, ____

8 **Ordne die Zahlen. Beginne mit der größten Zahl.**

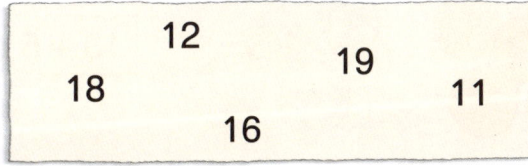

12   18   19   11   16

17   14   15   20   13

geordnet: ____, ____, ____, ____, ____   geordnet: ____, ____, ____, ____, ____

1 **Male und rechne.**

6 + 3 = ___

16 + 3 = ___

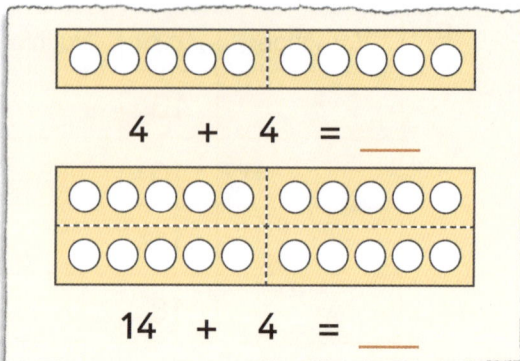

4 + 4 = ___

14 + 4 = ___

2 **Rechne.**

3 + 5 = ___

13 + 5 = ___

2 + 4 = ___

12 + 4 = ___

1 + 8 = ___

11 + 8 = ___

6 + 2 = ___

16 + 2 = ___

7 + 3 = ___

17 + 3 = ___

2 + 7 = ___

12 + 7 = ___

4 + 5 = ___

14 + 5 = ___

3 + 4 = ___

13 + 4 = ___

4 + 6 = ___

14 + 6 = ___

3 **Rechne und färbe.**

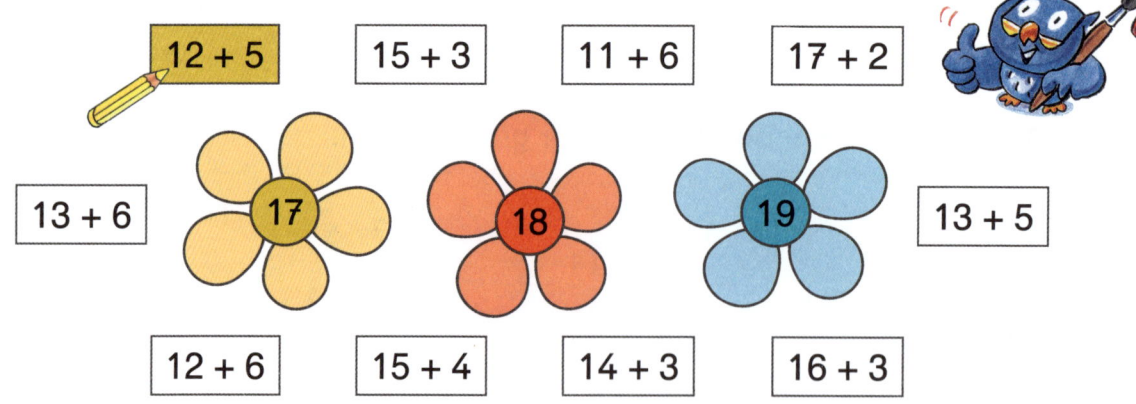

12 + 5   15 + 3   11 + 6   17 + 2

13 + 6   17   18   19   13 + 5

12 + 6   15 + 4   14 + 3   16 + 3

1 Male und rechne.

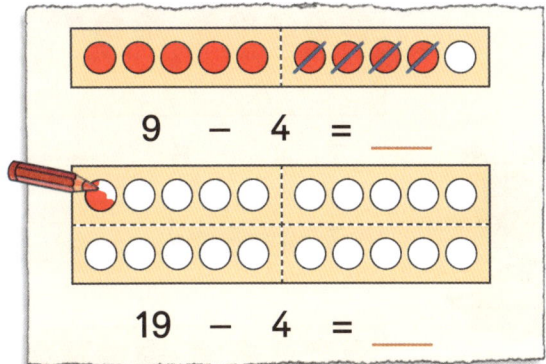

9 − 4 = ___

19 − 4 = ___

10 − 7 = ___

20 − 7 = ___

2 Rechne.

9 − 2 = ___

19 − 2 = ___

8 − 3 = ___

18 − 3 = ___

10 − 7 = ___

20 − 7 = ___

6 − 4 = ___

16 − 4 = ___

10 − 6 = ___

20 − 6 = ___

5 − 5 = ___

15 − 5 = ___

6 − 5 = ___

16 − 5 = ___

8 − 7 = ___

18 − 7 = ___

7 − 3 = ___

17 − 3 = ___

3 Denke an die kleine Aufgabe.

18 − 4 = ___

20 − 5 = ___

16 − 3 = ___

15 − 3 = ___

19 − 5 = ___

15 − 4 = ___

20 − 4 = ___

19 − 6 = ___

18 − 5 = ___

17 − 5 = ___

17 − 4 = ___

19 − 7 = ___

17 − 6 = ___

20 − 8 = ___

18 − 6 = ___

5

1 **Male und rechne.**

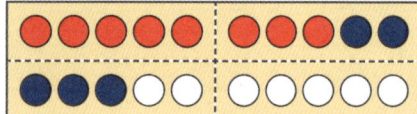

$$8 + 5 = \_\_$$
$$8 + 2 + 3 = \_\_$$

Erst bis zur 10 …

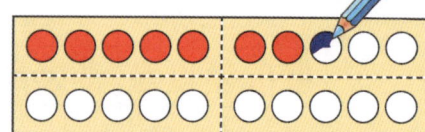

$$7 + 6 = \_\_$$
$$7 + 3 + \_\_ = \_\_$$

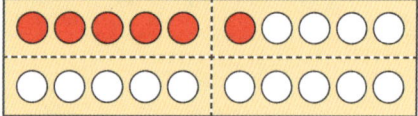

$$6 + 8 = \_\_$$
$$6 + \_\_ + \_\_ = \_\_$$

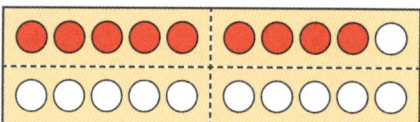

$$9 + 7 = \_\_$$
$$9 + \_\_ + \_\_ = \_\_$$

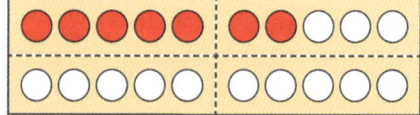

$$7 + 7 = \_\_$$
$$\_\_ + \_\_ + \_\_ = \_\_$$

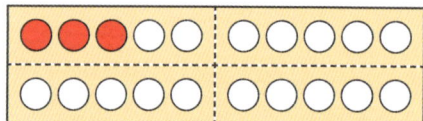

$$3 + 8 = \_\_$$
$$\_\_ + \_\_ + \_\_ = \_\_$$

2

$$8 + 6 = \_\_$$
$$8 + \_\_ + \_\_ = \_\_$$

$$5 + 7 = \_\_$$
$$5 + \_\_ + \_\_ = \_\_$$

$$9 + 6 = \_\_$$
$$9 + \_\_ + \_\_ = \_\_$$

$$7 + 5 = \_\_$$
$$\_\_ + \_\_ + \_\_ = \_\_$$

$$4 + 8 = \_\_$$
$$\_\_ + \_\_ + \_\_ = \_\_$$

$$8 + 7 = \_\_$$
$$\_\_ + \_\_ + \_\_ = \_\_$$

$$5 + 8 = \_\_$$
$$\_\_ + \_\_ + \_\_ = \_\_$$

$$9 + 9 = \_\_$$
$$\_\_ + \_\_ + \_\_ = \_\_$$

$$6 + 5 = \_\_$$
$$\_\_ + \_\_ + \_\_ = \_\_$$

3 Welche Wagen passen zu welcher Lok? Verbinde.

   8 + 4

8 + 2 + 5

14

8 + 5

8 + 2 + 4

12

8 + 6

8 + 2 + 3

15

8 + 7

8 + 2 + 2

13

4 Rechne.

Die Tauschaufgabe kann leichter sein
4 + 9 = ?   9 + 4 = ?

a) 4 + 9 = ___

3 + 8 = ___

7 + 7 = ___

5 + 6 = ___

7 + 5 = ___

b) 9 + 7 = ___

5 + 8 = ___

3 + 9 = ___

7 + 6 = ___

6 + 8 = ___

c) 4 + 8 = ___

5 + 7 = ___

6 + 9 = ___

8 + 8 = ___

9 + 9 = ___

5 Rechne geschickt. Kreise ein.

Erst 6 + 4 = 10,
dann 10 + 8 = 18

⑥ + 8 + ④ = ___

3 + 6 + 7 = ___

8 + 2 + 4 = ___

1 + 9 + 5 = ___

7 + 5 + 5 = ___

9 + 6 + 1 = ___

2 + 9 + 8 = ___

7 + 3 + 6 = ___

5 + 6 + 5 = ___

4 + 6 + 8 = ___

1 Streiche durch und rechne.

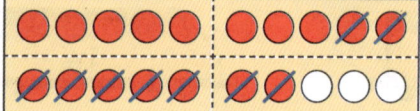

17 − 9 = ___
17 − 7 − 2 = ___

Erst bis zur 10 ...

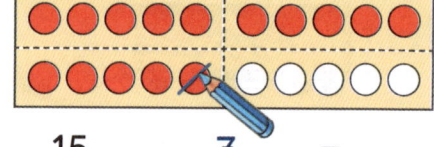

15 − 7 = ___
15 − 5 − ___ = ___

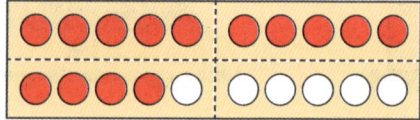

14 − 9 = ___
14 − ___ − ___ = ___

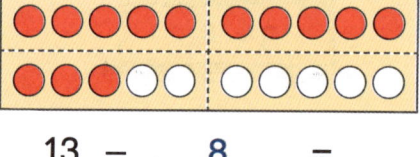

13 − 8 = ___
13 − ___ − ___ = ___

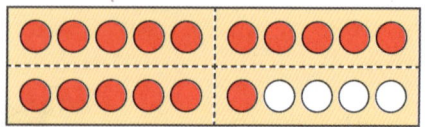

16 − 8 = ___
16 − ___ − ___ = ___

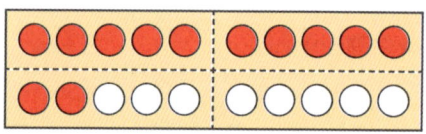

12 − 5 = ___
12 − ___ − ___ = ___

2

11 − 7 = ___
11 − ___ − ___ = ___

14 − 8 = ___
14 − ___ − ___ = ___

13 − 5 = ___
13 − ___ − ___ = ___

12 − 6 = ___
___ − ___ − ___ = ___

13 − 7 = ___
___ − ___ − ___ = ___

16 − 9 = ___
___ − ___ − ___ = ___

15 − 8 = ___
___ − ___ − ___ = ___

17 − 8 = ___
___ − ___ − ___ = ___

14 − 7 = ___
___ − ___ − ___ = ___

3 Welche Fische passen zusammen? Male aus.

 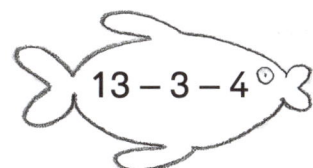 

 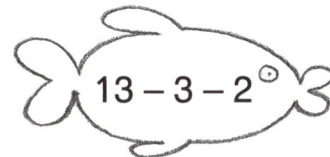 

 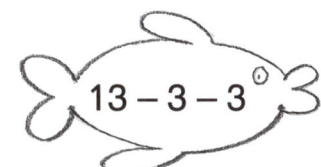 

4 Rechne.

> Ich kontrolliere mit der Umkehraufgabe
> 13 − 5 = 8   8 + 5 = 13

a) 15 − 6 = ____

13 − 4 = ____

11 − 5 = ____

12 − 3 = ____

16 − 7 = ____

b) 14 − 7 = ____

12 − 5 = ____

13 − 7 = ____

15 − 8 = ____

14 − 6 = ____

c) 20 − 5 = ____

20 − 7 = ____

20 − 4 = ____

20 − 8 = ____

20 − 6 = ____

 **5** Rechne geschickt. Kreise ein.

> Erst 13 − 3 = 10,
> dann 10 − 2 = 8

⑬ − 5 − ③ = ____

15 − 7 − 5 = ____

16 − 6 − 7 = ____

14 − 8 − 4 = ____

11 − 4 − 1 = ____

12 − 5 − 2 = ____

16 − 6 − 8 = ____

17 − 4 − 7 = ____

14 − 4 − 6 = ____

18 − 9 − 8 = ____

1 **Verdopple. Male.**

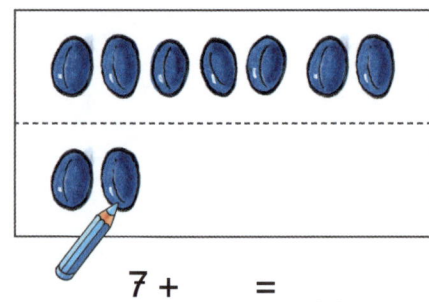

7 + ___ = ___

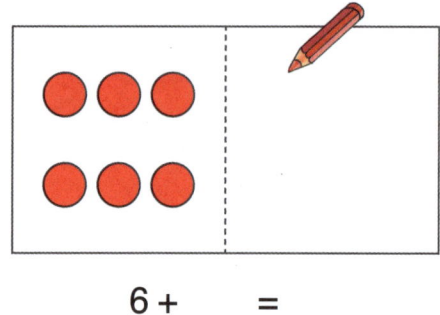

6 + ___ = ___

2 **Verdopple.**

4 + ___ = ___   5 + ___ = ___   9 + ___ = ___

6 + ___ = ___   2 + ___ = ___   8 + ___ = ___

3 + ___ = ___   7 + ___ = ___   10 + ___ = ___

3 **Halbiere. Male.**

8 = ___ + ___

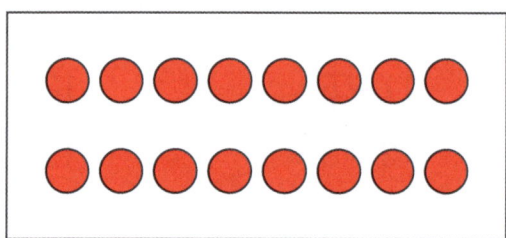

16 = ___ + ___

4 **Halbiere.**

6 = ___ + ___   12 = ___ + ___   18 = ___ + ___

4 = ___ + ___   10 = ___ + ___   20 = ___ + ___

8 = ___ + ___   14 = ___ + ___   16 = ___ + ___

1 **Rechne aus und setze fort.**

a) $7 + 4 =$ ___ $5 + 5 =$ ___ $6 + 5 =$ ___

$8 + 4 =$ ___ $5 + 6 =$ ___ $7 + 4 =$ ___

$9 + 4 =$ ___ $5 + 7 =$ ___ $8 + 3 =$ ___

___ $+$ ___ $=$ ___   ___ $+$ ___ $=$ ___   ___ $+$ ___ $=$ ___

b) $13 - 6 =$ ___ $15 - 5 =$ ___ $18 - 9 =$ ___

$14 - 6 =$ ___ $15 - 6 =$ ___ $17 - 8 =$ ___

$15 - 6 =$ ___ $15 - 7 =$ ___ $16 - 7 =$ ___

___ $-$ ___ $=$ ___   ___ $-$ ___ $=$ ___   ___ $-$ ___ $=$ ___

2 **Rechne.**

3 $8 + 3 = 11$ oder
$11 - 3 = 8$

1 **Wie viel Cent sind es?**

___ ct

___ ct

___ ct

___ ct

___ ct

___ ct

2 **Bilde eine Aufgabe. Löse sie.**

7 ct + ___ ct = ___ ct

___ ct + ___ ct = ___ ct

___ ct + ___ ct = ___ ct

3 **Rechne.**

7 ct + 8 ct = ___ ct   9 ct + 4 ct = ___ ct   13 ct − 5 ct = ___ ct

6 ct + 6 ct = ___ ct   8 ct + 5 ct = ___ ct   17 ct − 8 ct = ___ ct

5 ct + 6 ct = ___ ct   8 ct + 8 ct = ___ ct   12 ct − 6 ct = ___ ct

8 ct + 5 ct = ___ ct   7 ct + 9 ct = ___ ct   15 ct − 7 ct = ___ ct

1 **Wie viel Euro sind es?**

____ €   ____ €   ____ €

____ €   ____ €   ____ €

2 **Bilde eine Aufgabe. Löse sie.**

____ € + ____ € = ____ €   ____ € + ____ € = ____ €   ____ € + ____ € = ____ €

3 **Rechne.**

5 € + 7 € = ____ €   9 € + 7 € = ____ €   14 € − 6 € = ____ €

6 € + 5 € = ____ €   8 € + 6 € = ____ €   16 € − 8 € = ____ €

8 € + 3 € = ____ €   9 € + 9 € = ____ €   15 € − 6 € = ____ €

9 € + 4 € = ____ €   10 € + 8 € = ____ €   12 € − 7 € = ____ €

 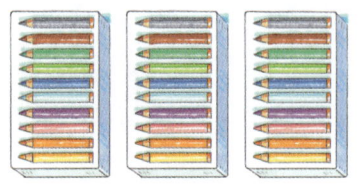 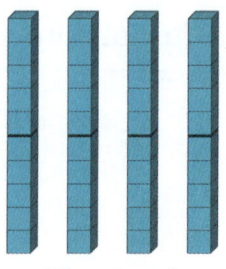

20 zwanzig   30 dreißig   40 vierzig

1 Immer 10. Kreise ein.

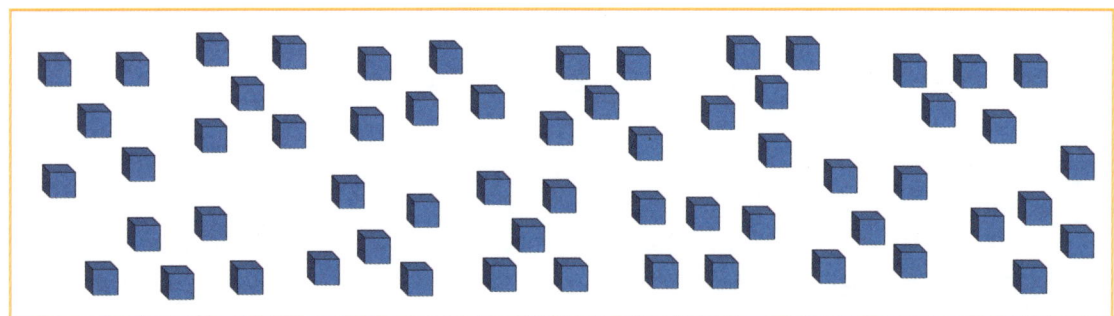

10				50
zehn	zwanzig	dreißig	vierzig	fünfzig

2 **Ergänze.**

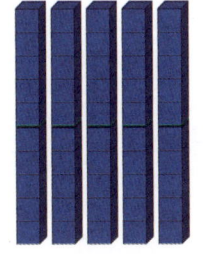 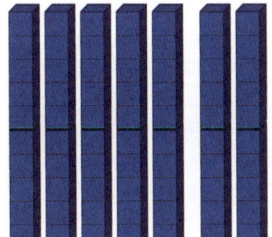 

___ Zehner   ___ Zehner   ___ Zehner

50

3 **Welche Zahlen sind dargestellt?**

___   ___   ___   ___

4 **Male.**

30   60   40   70

20   50   90   80

sechzig   siebzig   achtzig   neunzig   einhundert

100

1 Welche Zahlen sind dargestellt?

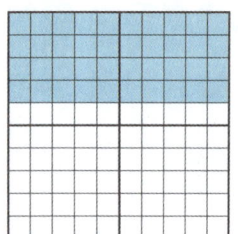 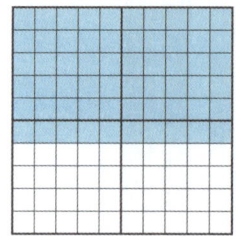 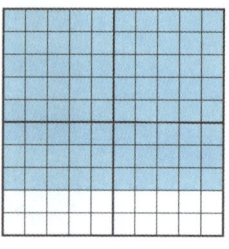 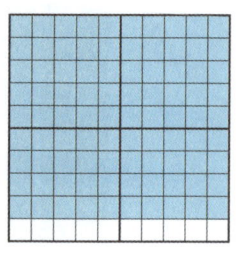

___   ___   ___   ___

2 Färbe.

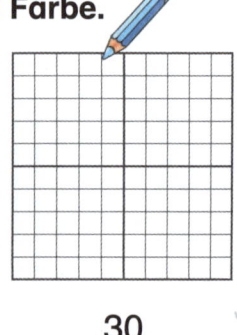 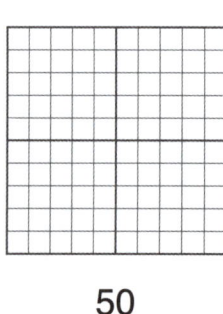 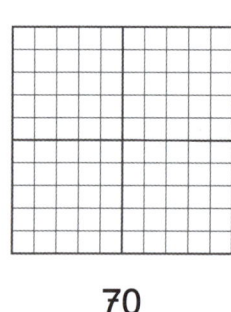 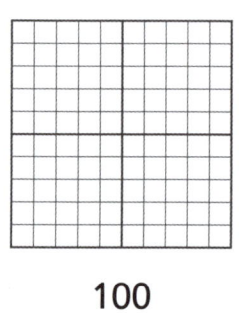

30   50   70   100

3 Ergänze die Zehnerzahlen.

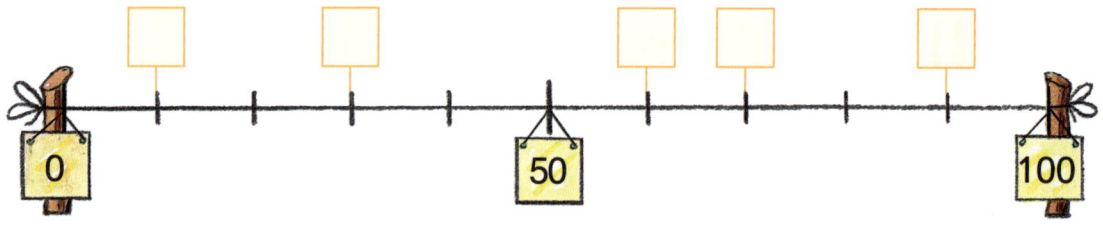

4 Verbinde.

20   40   60   80   90

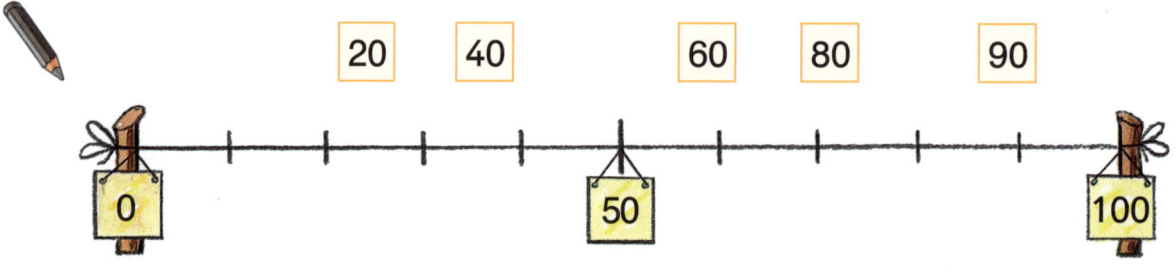

1 Vergleiche: $<$, $=$, $>$

a)

__50__ ◯ ___   ___ ◯ ___

b)

___ ◯ ___   ___ ◯ ___   ___ ◯ ___

2 Ergänze und vergleiche: $<$, $=$, $>$

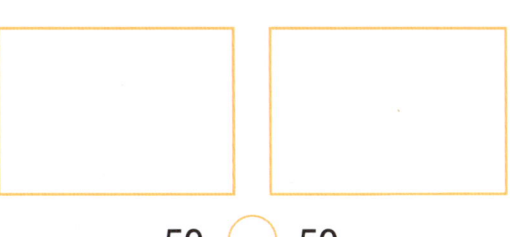

50 ◯ 70   60 ◯ 40

50 ◯ 50   30 ◯ 0

3 Vergleiche: $<$, $=$, $>$

100 ◯ 90   80 ◯ 80   40 ◯ 60

40 ◯ 70   60 ◯ 90   50 ◯ 5

30 ◯ 30   50 ◯ 40   80 ◯ 70

① Ordne die Zahlen. Beginne mit der kleinsten Zahl.

60 ___   ___   ___   ___

geordnet: ____, ____, ____, ____, ____

② Zeichne und ordne die Zahlen. Beginne mit der kleinsten Zahl.

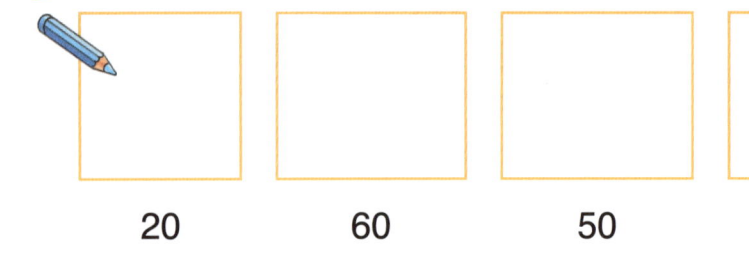

20   60   50   70   90

geordnet: ____, ____, ____, ____, ____

③ Ordne die Zahlen. Beginne mit der kleinsten Zahl.

80   100   50
70   30

60   80   40
20   90

geordnet: ____, ____, ____, ____, ____

geordnet: ____, ____, ____, ____, ____

④ Ordne die Zahlen. Beginne mit der größten Zahl.

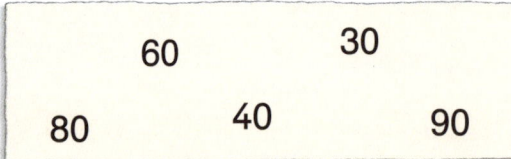

60   30
80   40   90

70   20
80
50   100

geordnet: ____, ____, ____, ____, ____

geordnet: ____, ____, ____, ____, ____

18

Setze die Muster fort.

1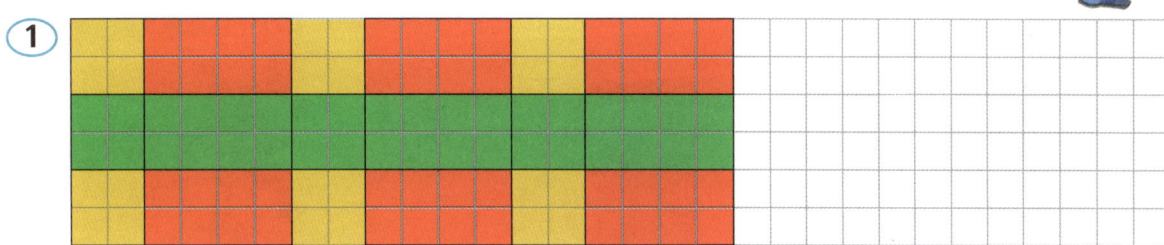

2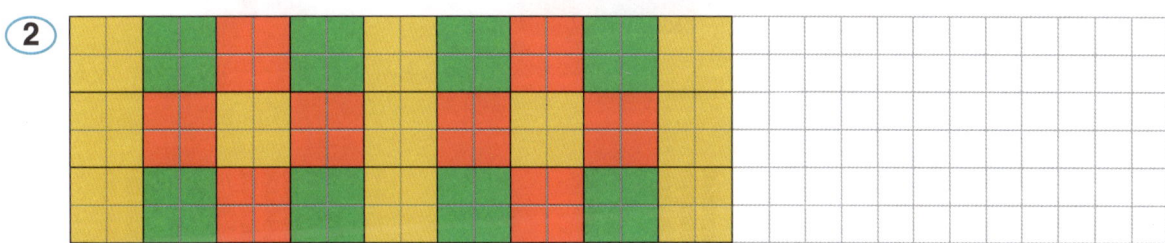

3

4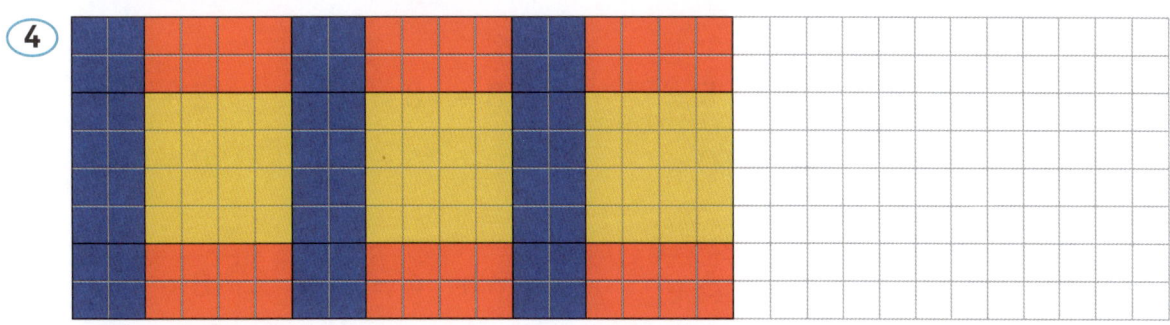

5

①

4 $+$ 3 $=$ _____

40 $+$ 30 $=$ _____

4 Einer + 3 Einer = _____ Einer

4 Zehner + 3 Zehner = _____ Zehner

②

50 + 30 = _____   30 + _____ = _____   _____ + _____ = _____

_____ + _____ = _____   _____ + _____ = _____   _____ + _____ = _____

③

7 + 2 = _____	4 + 5 = _____	3 + 3 = _____	2 + 6 = _____
70 + 20 = _____	40 + 50 = _____	30 + 30 = _____	20 + 60 = _____

2 + 4 = _____	3 + 5 = _____	4 + 4 = _____	8 + 2 = _____
20 + 40 = _____	30 + 50 = _____	40 + 40 = _____	80 + 20 = _____

④

30 + 10 = _____   40 + 20 = _____   60 + 30 = _____   10 + 20 = _____

40 + 10 = _____   40 + 30 = _____   50 + 30 = _____   20 + 20 = _____

50 + 10 = _____   40 + 40 = _____   40 + 30 = _____   30 + 20 = _____

_____ + _____ = _____   _____ + _____ = _____   _____ + _____ = _____   _____ + _____ = _____

1

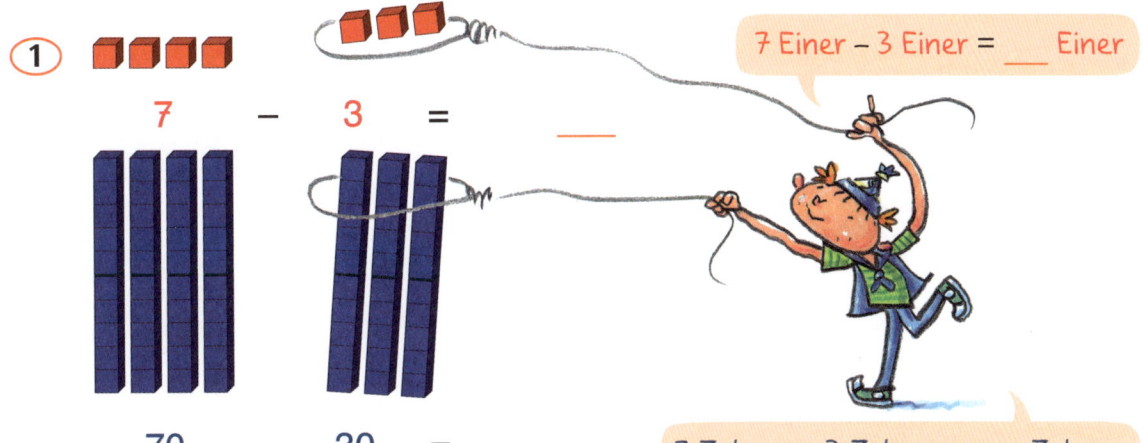

7 Einer – 3 Einer = ___ Einer

7   –   3   =   ___

70   –   30   =   ___

7 Zehner – 3 Zehner = ___ Zehner

2

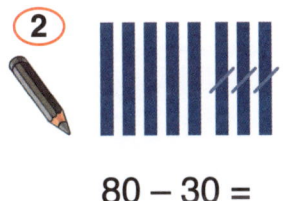

80 – 30 = ___   60 – 30 = ___   100 – 40 = ___

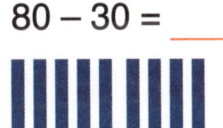

90 – 50 = ___   70 – 40 = ___   80 – 50 = ___

3

| 5 – 3 = ___ | 9 – 3 = ___ | 8 – 4 = ___ | 10 – 3 = ___ |
| 50 – 30 = ___ | 90 – 30 = ___ | 80 – 40 = ___ | 100 – 30 = ___ |

| 7 – 6 = ___ | 6 – 4 = ___ | 3 – 3 = ___ | 9 – 3 = ___ |
| 70 – 60 = ___ | 60 – 40 = ___ | 30 – 30 = ___ | 90 – 30 = ___ |

4

90 – 20 = ___   80 – 60 = ___   80 – 20 = ___   100 – 50 = ___

80 – 20 = ___   80 – 50 = ___   70 – 30 = ___   100 – 60 = ___

70 – 20 = ___   80 – 40 = ___   60 – 40 = ___   100 – 70 = ___

___ – ___ = ___   ___ – ___ = ___   ___ – ___ = ___   ___ – ___ = ___

21

Dreieck

Rechteck

Quadrat

1 **Zeichne Dreiecke.**

 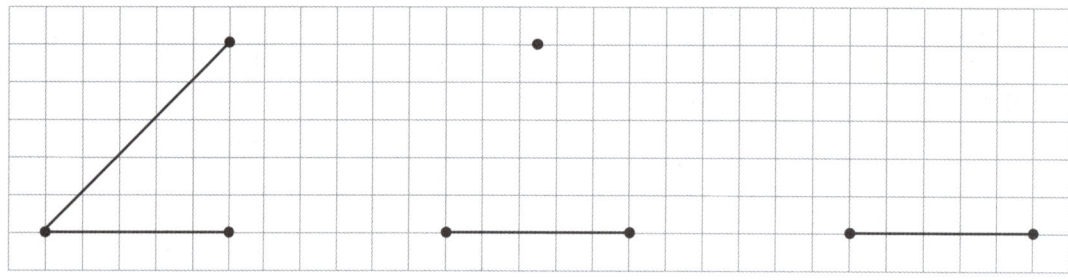

2 **Zeichne Quadrate.**

 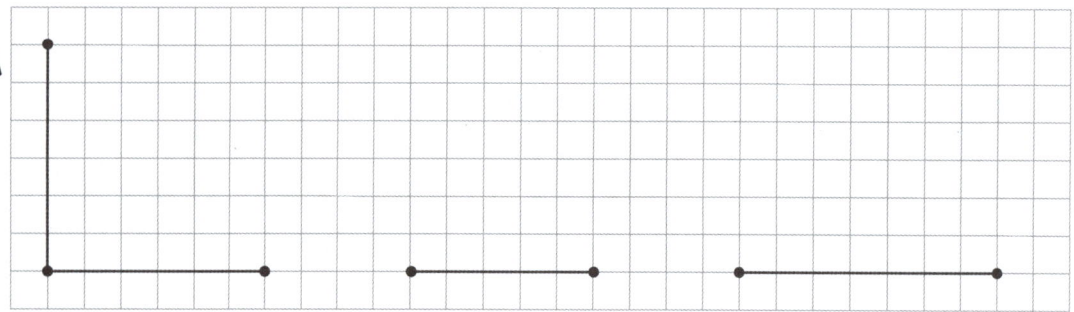

3 **Zeichne Rechtecke.**

 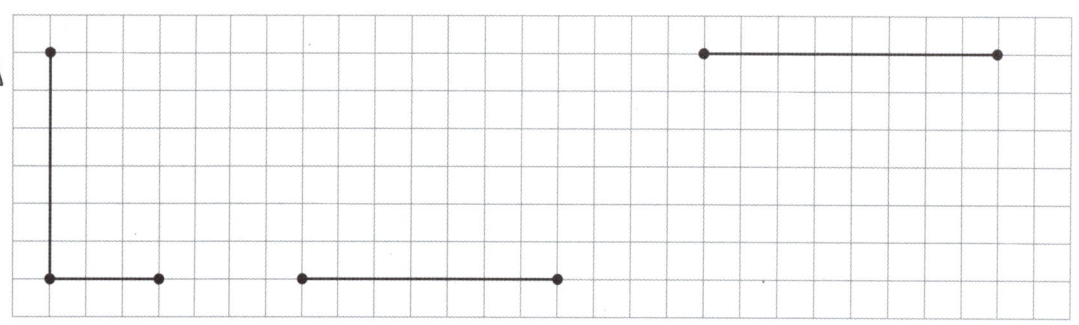

4 **Setze das Muster fort.**

 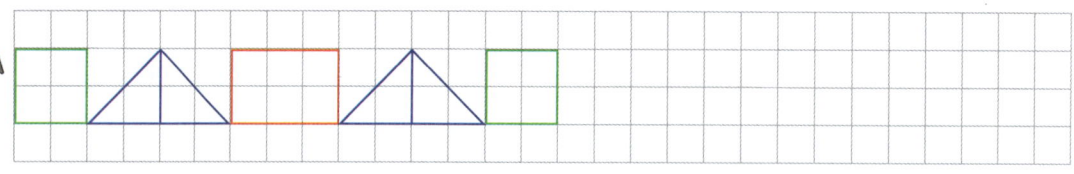

1 **Welche Figuren haben mindestens eine Spiegelachse? Zeichne ein.**

2 **Ergänze zu symmetrischen Figuren.**

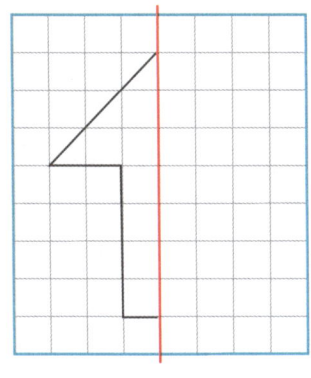 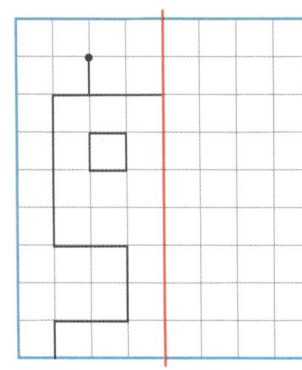 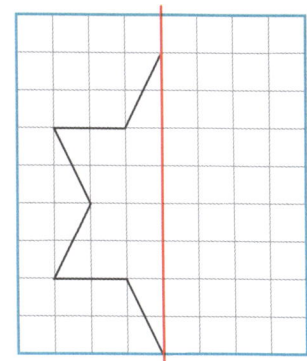

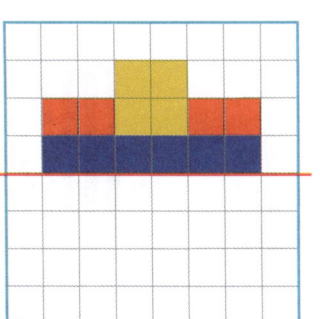 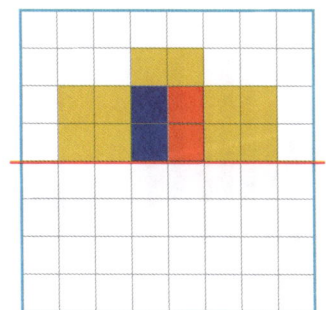 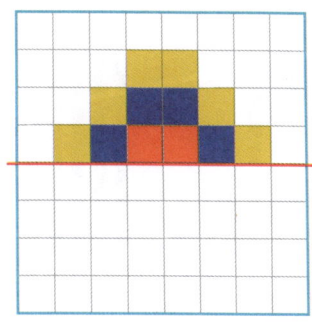

1

Z	E

fünf**und**dreißig

Z	E

sieben**und**vierzig

Z	E

vier**und**sechzig

2

Z	E

23

Z	E

___

Z	E

___

Z	E

___

Z	E

___

Z	E

___

Z	E

___

Z	E

___

Z	E

___

Z	E

___

3

___   ___   ___   ___   ___

4 **Male und ergänze.**

Z	E

35

Z	E

71

Z	E

67

Z	E

43

Z	E

26

Z	E

54

Z	E

82

Z	E

75

5 **Schreibe die Zahlen auf.**

zweiunddreißig _____   neunundzwanzig _____   sechsundneunzig _____

einundneunzig _____   dreiundfünfzig _____   vierundvierzig _____

siebenundvierzig _____   achtundsiebzig _____   fünfundsechzig _____

dreiundsechzig _____   fünfundachtzig _____   dreiundneunzig _____

 6 **Bilde eine Aufgabe und löse sie.**

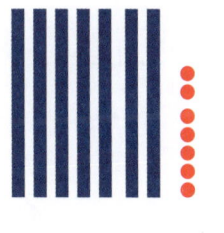

30 + ___ = ___   ___ + ___ = ___   ___ + ___ = ___

1 **Welche Zahlen sind dargestellt?**

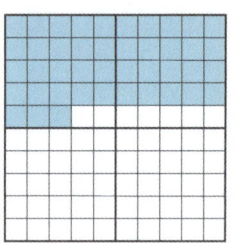 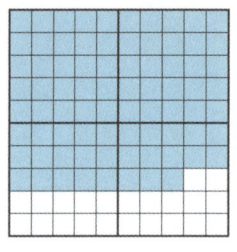 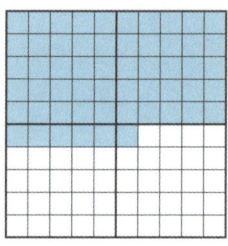 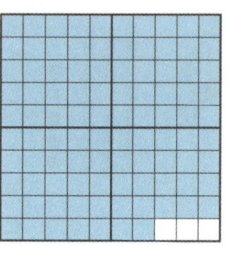

___ ___ ___ ___

2 **Färbe.**

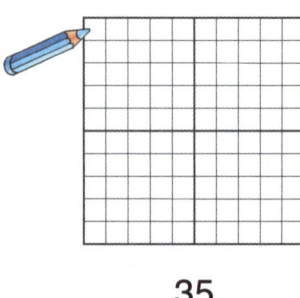 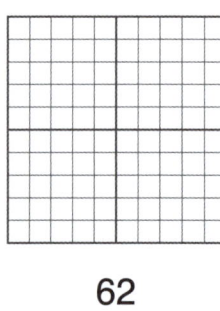 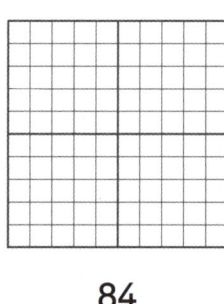 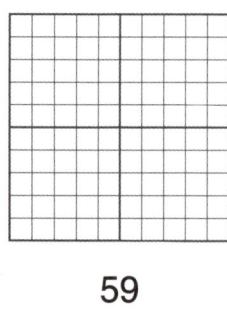

    35   62   84   59

3 **Ergänze die Zahlen.**

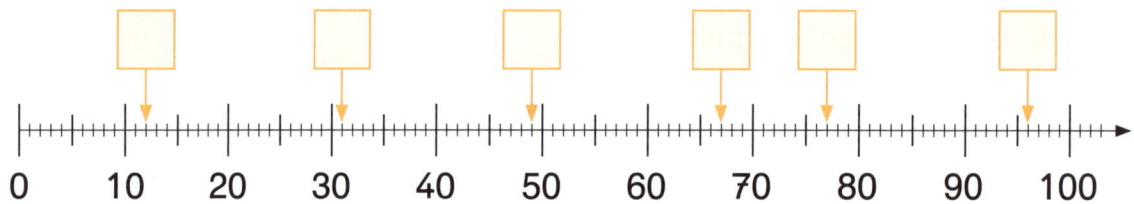

4 **Verbinde.**

| 18 | 26 | 43 | 64 | 78 | 97 |

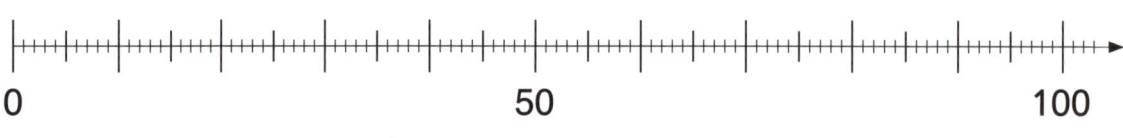

| 21 | 39 | 55 | 72 | 88 |

1 **Zähle vorwärts.**

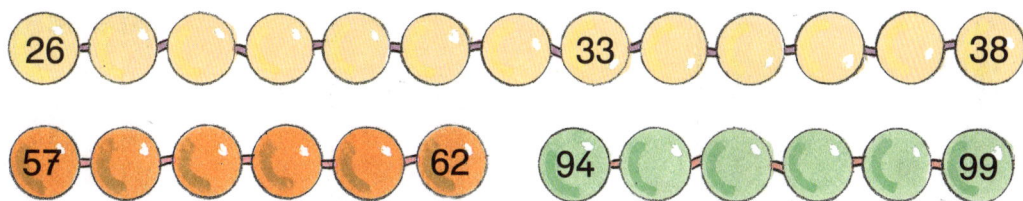

| 26 | | | | | 33 | | | | 38 |

| 57 | | | | 62 | | 94 | | | 99 |

2 **Zähle rückwärts.**

| 45 | | | | | 38 | | | | 33 |

| 83 | | | | 78 | | 100 | | | 95 |

3 **Welche Zahl steht dazwischen?**

43 __ 45	27 __ 29	34 __ 36
51 __ 53	69 __ 71	85 __ 87
78 __ 80	32 __ 34	40 __ 42

4 **Trage die Nachbarzahlen ein.**

a)

Vorgänger	Zahl	Nachfolger
	62	
	81	
	37	
	94	

b)

Vorgänger	Zahl	Nachfolger
	50	
	45	
	99	
	60	

5 **Zwischen welchen Zehnern stehen die Zahlen?**

| 50 | 53 | 60 | | __ | 67 | __ | | __ | 35 | __ |
| __ | 46 | __ | | __ | 96 | __ | | __ | 77 | __ |

1 Vergleiche: $<$, $=$, $>$

24 ◯ ___   ___ ◯ ___

2 Ergänze und vergleiche: $<$, $=$, $>$

  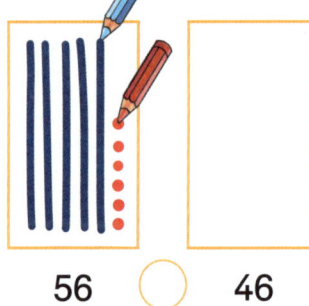 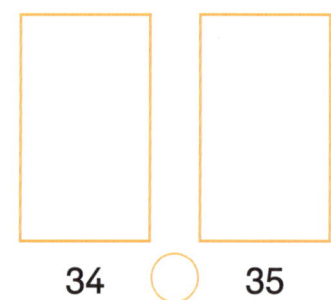

45 ◯ 53   56 ◯ 46   34 ◯ 35

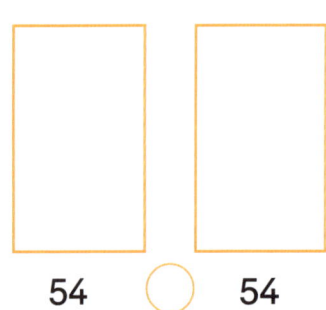 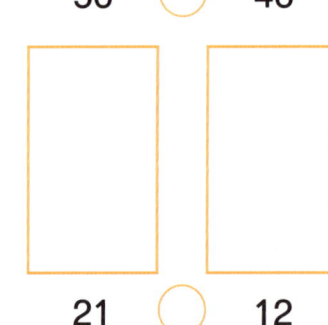 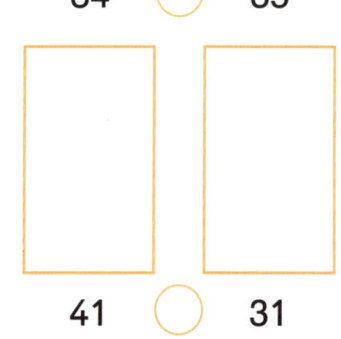

54 ◯ 54   21 ◯ 12   41 ◯ 31

3 Vergleiche: $<$, $=$, $>$

73 ◯ 82   85 ◯ 58   93 ◯ 91

61 ◯ 59   63 ◯ 64   29 ◯ 29

46 ◯ 46   50 ◯ 40   81 ◯ 18

90 ◯ 92   37 ◯ 73   44 ◯ 55

1 **Ordne die Zahlen. Beginne mit der kleinsten Zahl.**

35 ___ ___ ___ ___

geordnet: ____, ____, ____, ____, ____

2 **Zeichne und ordne die Zahlen. Beginne mit der kleinsten Zahl.**

a)

32   40   51   43   24

geordnet: ____, ____, ____, ____, ____

b)

52   35   20   41   33

geordnet: ____, ____, ____, ____, ____

3 **Ordne die Zahlen. Beginne mit der größten Zahl.**

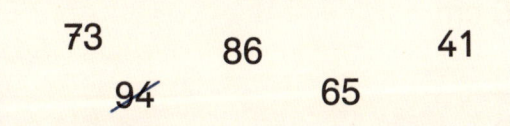

73   86   41   94   65

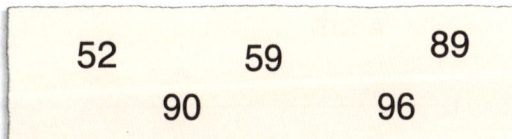

52   59   89   90   96

geordnet: 94 , ____, ____, ____, ____   geordnet: ____, ____, ____, ____, ____

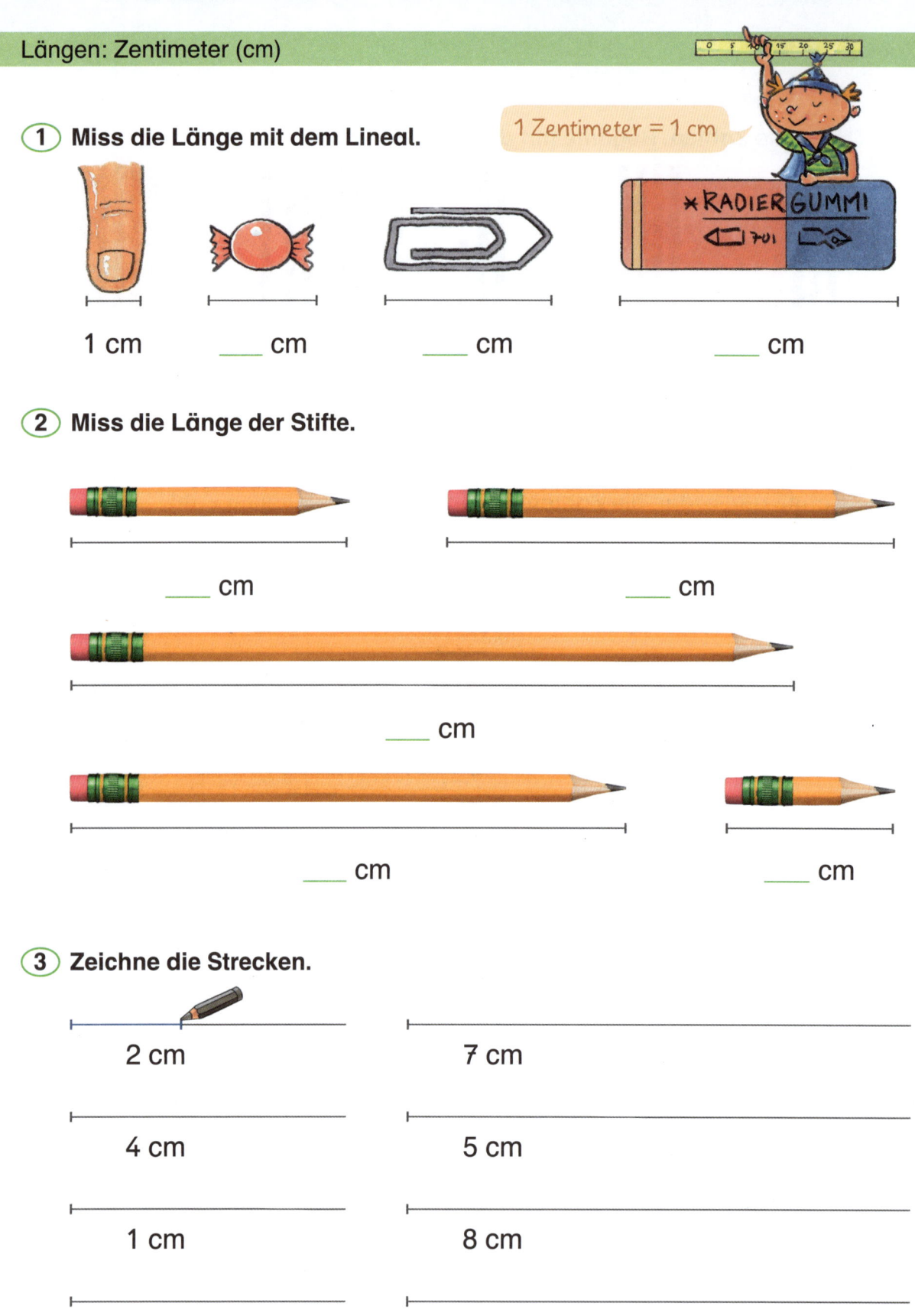

1 **Miss die Länge mit dem Lineal.**

1 Zentimeter = 1 cm

1 cm   ___ cm   ___ cm   ___ cm

2 **Miss die Länge der Stifte.**

___ cm   ___ cm

___ cm

___ cm   ___ cm

3 **Zeichne die Strecken.**

2 cm   7 cm

4 cm   5 cm

1 cm   8 cm

3 cm   6 cm

4 **Ordne. Beginne mit der kürzesten Länge.**

a)

| 38 cm | 25 cm | 43 cm | 83 cm | 52 cm |

geordnet: _____ cm, _____ cm, _____ cm, _____ cm, _____ cm

b)

| 72 cm | 68 cm | 57 cm | 19 cm | 91 cm |

geordnet: _____ cm, _____ cm, _____ cm, _____ cm, _____ cm

5 **Welcher Hase hat den kürzesten Weg zum Salat? Kreise ein.**

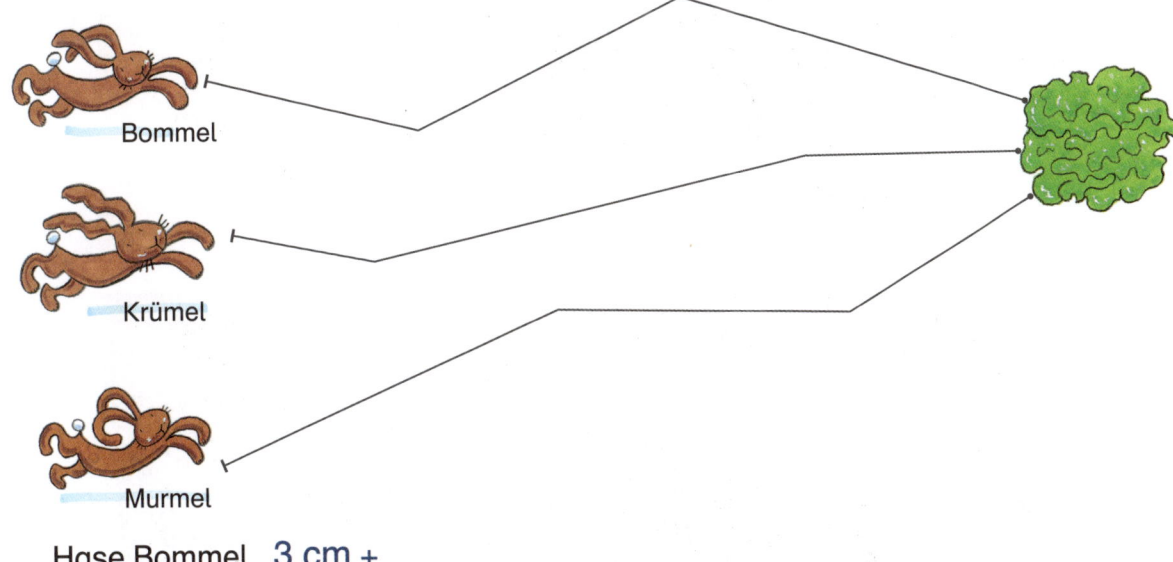

Bommel

Krümel

Murmel

Hase Bommel   3 cm + _____

Hase Krümel   _____

Hase Murmel   _____

6 60 cm + 30 cm = _____ cm   90 cm – 50 cm = _____ cm

20 cm + 50 cm = _____ cm   80 cm – 60 cm = _____ cm

40 cm + 50 cm = _____ cm   70 cm – 40 cm = _____ cm

80 cm + 20 cm = _____ cm   100 cm – 60 cm = _____ cm

① **Suche die 5 Fehler im unteren Bild. Kreise sie ein.**

①

      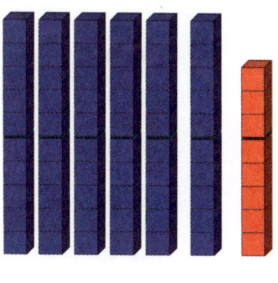

20 + 3 = ___   ___ + ___ = ___   ___ + ___ = ___

②

50 + 6 = ___   ___ + ___ = ___   ___ + ___ = ___

___ + ___ = ___   ___ + ___ = ___   ___ + ___ = ___

③ 60 + 7 = ___   50 + 1 = ___   40 + 6 = ___

40 + 9 = ___   30 + 5 = ___   80 + 7 = ___

80 + 3 = ___   20 + 8 = ___   30 + 2 = ___

90 + 6 = ___   60 + 4 = ___   70 + 5 = ___

④ 30 + 5 = ___   20 + 9 = ___   70 + 3 = ___

40 + 5 = ___   40 + 9 = ___   60 + 3 = ___

50 + 5 = ___   60 + 9 = ___   50 + 3 = ___

___ + ___ = ___   ___ + ___ = ___   ___ + ___ = ___

Denke an die kleine Aufgabe.

1

5 + 4 = ___

35 + 4 = ___

___ + ___ = ___

___ + ___ = ___

___ + ___ = ___

___ + ___ = ___

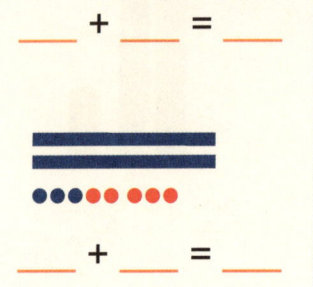

___ + ___ = ___

___ + ___ = ___

___ + ___ = ___

___ + ___ = ___

___ + ___ = ___

___ + ___ = ___

___ + ___ = ___

___ + ___ = ___

2

3 + 4 = ___	2 + 4 = ___	3 + 6 = ___
63 + 4 = ___	32 + 4 = ___	23 + 6 = ___

9 + 1 = ___	4 + 0 = ___	5 + 5 = ___
59 + 1 = ___	34 + 0 = ___	85 + 5 = ___

3

41 + 5 = ___	83 + 4 = ___	78 + 0 = ___
62 + 3 = ___	25 + 3 = ___	64 + 3 = ___
36 + 4 = ___	42 + 7 = ___	33 + 5 = ___
72 + 6 = ___	38 + 2 = ___	51 + 7 = ___
84 + 4 = ___	92 + 6 = ___	47 + 3 = ___

①

9 − 3 = ___

39 − 3 = ___

8 − 6 = ___

48 − 6 = ___

7 − 5 = ___

27 − 5 = ___

8 − 5 = ___

28 − 5 = ___

10 − 6 = ___

50 − 6 = ___

9 − 4 = ___

39 − 4 = ___

②

6 − 5 = ___
76 − 5 = ___

7 − 6 = ___
47 − 6 = ___

9 − 7 = ___
89 − 7 = ___

5 − 4 = ___
55 − 4 = ___

9 − 6 = ___
39 − 6 = ___

8 − 3 = ___
98 − 3 = ___

③

27 − 5 = ___
37 − 5 = ___
47 − 5 = ___
___ − 5 = ___
___ − ___ = ___

49 − 4 = ___
59 − 4 = ___
69 − 4 = ___
___ − 4 = ___
___ − ___ = ___

98 − 7 = ___
88 − 7 = ___
78 − 7 = ___
___ − 7 = ___
___ − ___ = ___

① Male und rechne.

6 + **4** = 10

36 + **4** = 40

4 + ___ = 10

44 + ___ = 50

7 + ___ = 10

27 + ___ = 30

5 + ___ = 10

45 + ___ = 50

3 + ___ = 10

23 + ___ = 30

1 + ___ = 10

31 + ___ = 40

②

8 + ___ = 10

58 + ___ = 60

7 + ___ = 10

67 + ___ = 70

5 + ___ = 10

85 + ___ = 90

3 + ___ = 10

73 + ___ = 80

1 + ___ = 10

41 + ___ = 50

2 + ___ = 10

92 + ___ = 100

③

35 + ___ = 40

45 + ___ = 50

55 + ___ = ___

___ + ___ = ___

52 + ___ = 60

62 + ___ = 70

72 + ___ = ___

___ + ___ = ___

44 + ___ = 50

54 + ___ = 60

64 + ___ = ___

___ + ___ = ___

Lösungen Mathe-Stars 3 Inklusion
(zum Heraustrennen die mittlere Klammer lösen)

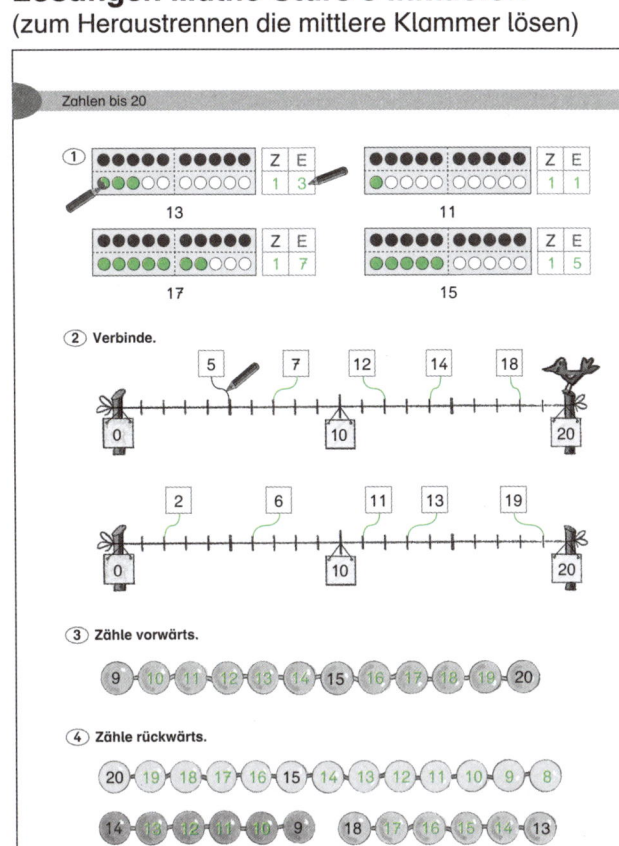

①

13 — Z E: 1 3
11 — Z E: 1 1
17 — Z E: 1 7
15 — Z E: 1 5

② Verbinde.

5   7   12   14   18
0 ——— 10 ——— 20

2   6   11   13   19
0 ——— 10 ——— 20

③ Zähle vorwärts.

9 10 11 12 13 14 15 16 17 18 19 20

④ Zähle rückwärts.

20 19 18 17 16 15 14 13 12 11 10 9 8

14 13 12 11 10 9   18 17 16 15 14 13

⑤ Trage die Nachbarzahlen ein.

a)

Vorgänger	Zahl	Nachfolger
12	13	14
15	16	17
10	11	12
17	18	19

b)

Vorgänger	Zahl	Nachfolger
16	17	18
11	12	13
18	19	20
14	15	16

⑥ Vergleiche: <, =, >

17 > 16   13 < 14   20 > 10
5 < 15   12 = 12   18 > 17
16 < 18   15 < 17   19 > 9
20 > 12   11 = 11   14 < 15

⑦ Ordne die Zahlen. Beginne mit der kleinsten Zahl.

17   ~~11~~   14   18   20

12   15   19   13   16

geordnet: 11 , 14 , 17 , 18 , 20   geordnet: 12 , 13 , 15 , 16 , 19

⑧ Ordne die Zahlen. Beginne mit der größten Zahl.

12   19   11   18   16

17   14   15   13   20

geordnet: 19 , 18 , 16 , 12 , 11   geordnet: 20 , 17 , 15 , 14 , 13

2   3

---

① Male und rechne.

6 + 3 = 9   4 + 4 = 8

16 + 3 = 19   14 + 4 = 18

② Rechne.

3 + 5 = 8   2 + 4 = 6   1 + 8 = 9
13 + 5 = 18   12 + 4 = 16   11 + 8 = 19

6 + 2 = 8   7 + 3 = 10   2 + 7 = 9
16 + 2 = 18   17 + 3 = 20   12 + 7 = 19

4 + 5 = 9   3 + 4 = 7   4 + 6 = 10
14 + 5 = 19   13 + 4 = 17   14 + 6 = 20

③ Rechne und färbe.

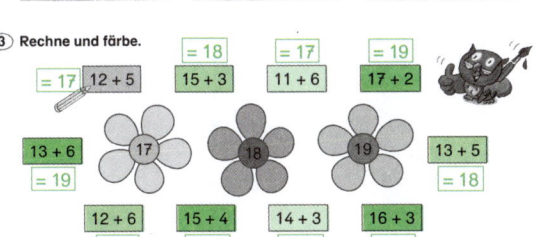

= 18   = 17   = 19
= 17 12 + 5   15 + 3   11 + 6   17 + 2

13 + 6   (17)   (18)   (19)   13 + 5
= 19   = 18

12 + 6   15 + 4   14 + 3   16 + 3
= 18   = 19   = 17   = 19

① Male und rechne.

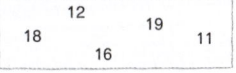 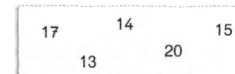

9 − 4 = 5   10 − 7 = 3

19 − 4 = 15   20 − 7 = 13

② Rechne.

9 − 2 = 7   8 − 3 = 5   10 − 7 = 3
19 − 2 = 17   18 − 3 = 15   20 − 7 = 13

6 − 4 = 2   10 − 6 = 4   5 − 5 = 0
16 − 4 = 12   20 − 6 = 14   15 − 5 = 10

6 − 5 = 1   8 − 7 = 1   7 − 3 = 4
16 − 5 = 11   18 − 7 = 11   17 − 3 = 14

③ Denke an die kleine Aufgabe.

18 − 4 = 14   15 − 4 = 11   17 − 4 = 13
20 − 5 = 15   20 − 4 = 16   19 − 7 = 12
16 − 3 = 13   19 − 6 = 13   17 − 6 = 11
15 − 3 = 12   18 − 5 = 13   20 − 8 = 12
19 − 5 = 14   17 − 5 = 12   18 − 6 = 12

4   5

① Male und rechne.

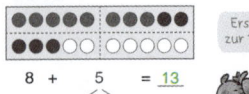

8 + 5 = 13
8 + 2 + 3 = 13

Erst bis zur 10 …

7 + 6 = 13
7 + 3 + 3 = 13

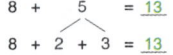

6 + 8 = 14
6 + 4 + 4 = 14

9 + 7 = 16
9 + 1 + 6 = 16

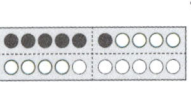

7 + 7 = 14
7 + 3 + 4 = 14

3 + 8 = 11
3 + 7 + 1 = 11

②

8 + 6 = 14
8 + 2 + 4 = 14

5 + 7 = 12
5 + 5 + 2 = 12

9 + 6 = 15
9 + 1 + 5 = 15

7 + 5 = 12
7 + 3 + 2 = 12

4 + 8 = 12
4 + 6 + 2 = 12

8 + 7 = 15
8 + 2 + 5 = 15

5 + 8 = 13
5 + 5 + 3 = 13

9 + 9 = 18
9 + 1 + 8 = 18

6 + 5 = 11
6 + 4 + 1 = 11

6

③ Welche Wagen passen zu welcher Lok? Verbinde.

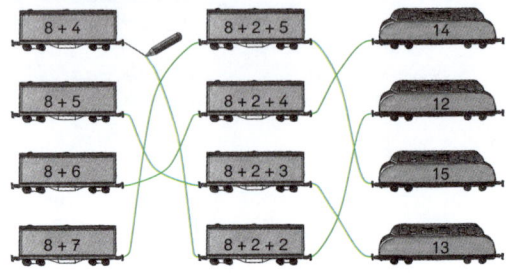

8 + 4	8 + 2 + 5	14
8 + 5	8 + 2 + 4	12
8 + 6	8 + 2 + 3	15
8 + 7	8 + 2 + 2	13

④ Rechne.

Die Tauschaufgabe kann leichter sein 4 + 9 = ? 9 + 4 = ?

a)
4 + 9 = 13
3 + 8 = 11
7 + 7 = 14
5 + 6 = 11
7 + 5 = 12

b)
9 + 7 = 16
5 + 8 = 13
3 + 9 = 12
7 + 6 = 13
6 + 8 = 14

c)
4 + 8 = 12
5 + 7 = 12
6 + 9 = 15
8 + 8 = 16
9 + 9 = 18

⑤ Rechne geschickt. Kreise ein.

Erst 6 + 4 = 10, dann 10 + 8 = 18

⑥ + 8 + ④ = 18
③ + 6 + ⑦ = 16
⑧ + ② + 4 = 14
① + ⑨ + 5 = 15
7 + ⑤ + ⑤ = 17

⑨ + 6 + ① = 16
② + 9 + ⑧ = 19
⑦ + ③ + 6 = 16
⑤ + 6 + ⑤ = 16
④ + ⑥ + 8 = 18

7

① Streiche durch und rechne.

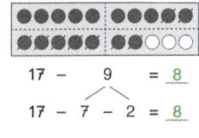

17 − 9 = 8
17 − 7 − 2 = 8

Erst bis zur 10 …

15 − 7 = 8
15 − 5 − 2 = 8

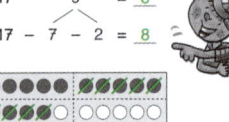

14 − 9 = 5
14 − 4 − 5 = 5

13 − 8 = 5
13 − 3 − 5 = 5

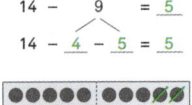

16 − 8 = 8
16 − 6 − 2 = 8

12 − 5 = 7
12 − 2 − 3 = 7

②

11 − 7 = 4
11 − 1 − 6 = 4

14 − 8 = 6
14 − 4 − 4 = 6

13 − 5 = 8
13 − 3 − 2 = 8

12 − 6 = 6
12 − 2 − 4 = 6

13 − 7 = 6
13 − 3 − 4 = 6

16 − 9 = 7
16 − 6 − 3 = 7

15 − 8 = 7
15 − 5 − 3 = 7

17 − 8 = 9
17 − 7 − 1 = 9

14 − 7 = 7
14 − 4 − 3 = 7

8

③ Welche Fische passen zusammen? Male aus.

13 − 5 = 8

13 − 3 − 4 = 6 rot

7 grün

13 − 6 = 7

13 − 3 − 2 = 8 gelb

6 rot

13 − 7 = 6

13 − 3 − 3 = 7 grün

8 gelb

④ Rechne.

Ich kontrolliere mit der Umkehraufgabe 13 − 5 = 8 8 + 5 = 13

a)
15 − 6 = 9
13 − 4 = 9
11 − 5 = 6
12 − 3 = 9
16 − 7 = 9

b)
14 − 7 = 7
12 − 5 = 7
13 − 7 = 6
15 − 8 = 7
14 − 6 = 8

c)
20 − 5 = 15
20 − 7 = 13
20 − 4 = 16
20 − 8 = 12
20 − 6 = 14

⑤ Rechne geschickt. Kreise ein.

Erst 13 − 3 = 10, dann 10 − 2 = 8

⑬ − 5 − ③ = 5
⑮ − 7 − ⑤ = 3
⑯ − ⑥ − 7 = 3
⑭ − 8 − ④ = 2
⑪ − 4 − ① = 6

⑫ − 5 − ② = 5
⑯ − ⑥ − 8 = 2
⑰ − 4 − ⑦ = 6
⑭ − ④ − 6 = 4
⑱ − 9 − ⑧ = 1

9

① Verdopple. Male.

 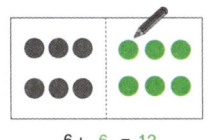

7 + 7 = 14   6 + 6 = 12

② Verdopple.

4 + 4 = 8	5 + 5 = 10	9 + 9 = 18
6 + 6 = 12	2 + 2 = 4	8 + 8 = 16
3 + 3 = 6	7 + 7 = 14	10 + 10 = 20

③ Halbiere. Male.

z. B.

 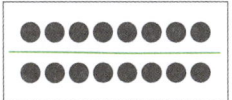

8 = 4 + 4   16 = 8 + 8

④ Halbiere.

6 = 3 + 3	12 = 6 + 6	18 = 9 + 9
4 = 2 + 2	10 = 5 + 5	20 = 10 + 10
8 = 4 + 4	14 = 7 + 7	16 = 8 + 8

10

① Rechne aus und setze fort.

a)
7 + 4 = 11	5 + 5 = 10	6 + 5 = 11
8 + 4 = 12	5 + 6 = 11	7 + 4 = 11
9 + 4 = 13	5 + 7 = 12	8 + 3 = 11
10 + 4 = 14	5 + 8 = 13	9 + 2 = 11

b)
13 − 6 = 7	15 − 5 = 10	18 − 9 = 9
14 − 6 = 8	15 − 6 = 9	17 − 8 = 9
15 − 6 = 9	15 − 7 = 8	16 − 7 = 9
16 − 6 = 10	15 − 8 = 7	15 − 6 = 9

② Rechne.

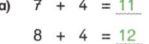

③ 8 + 3 = 11 oder
11 − 3 = 8

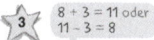

11

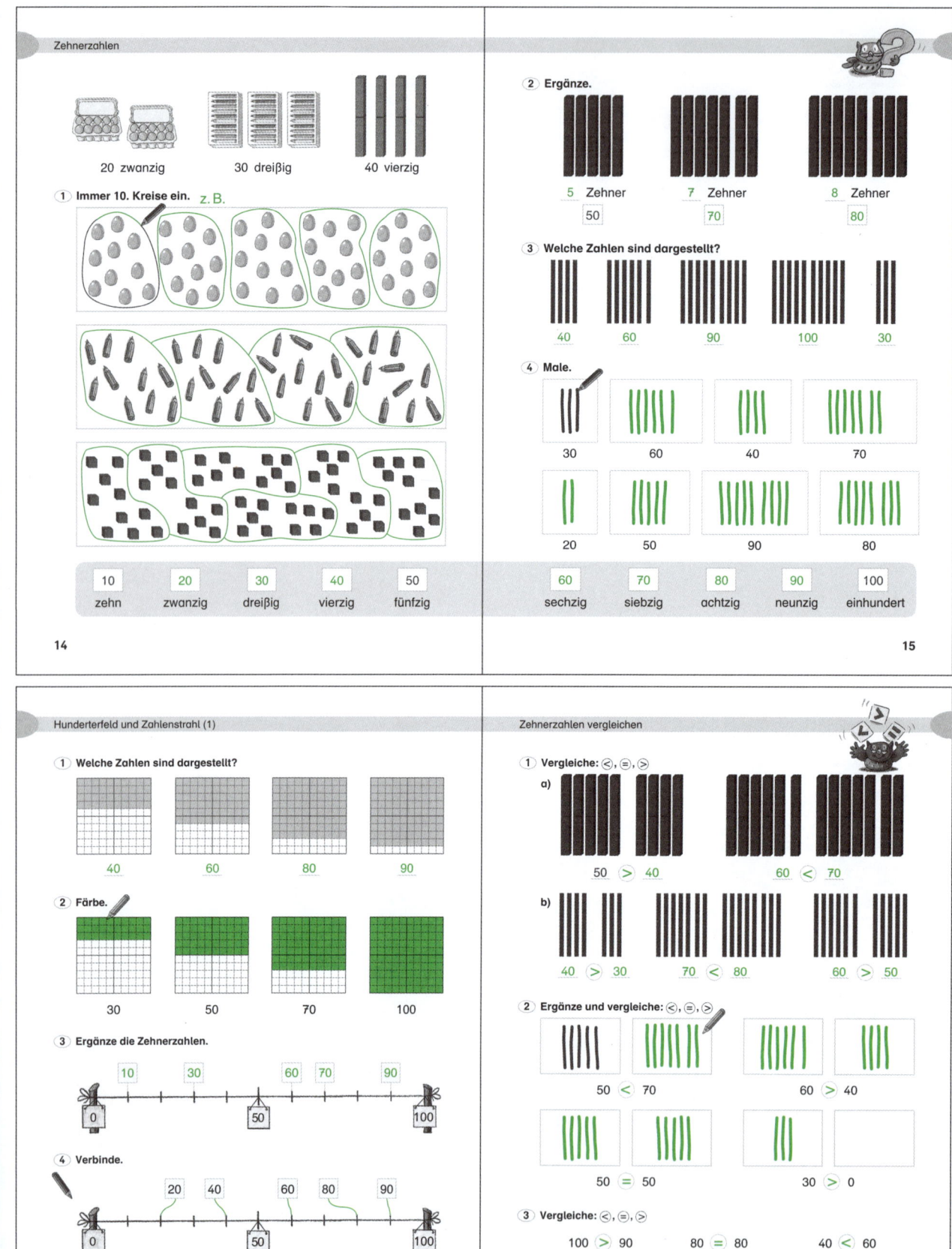

20 zwanzig 30 dreißig 40 vierzig

1 **Immer 10. Kreise ein.** z. B.

10	20	30	40	50
zehn	zwanzig	dreißig	vierzig	fünfzig

14

2 **Ergänze.**

5 Zehner 7 Zehner 8 Zehner
50 70 80

3 **Welche Zahlen sind dargestellt?**

40 60 90 100 30

4 **Male.**

30 60 40 70

20 50 90 80

60	70	80	90	100
sechzig	siebzig	achtzig	neunzig	einhundert

15

1 **Welche Zahlen sind dargestellt?**

40 60 80 90

2 **Färbe.**

30 50 70 100

3 **Ergänze die Zehnerzahlen.**

10 30 60 70 90
0 50 100

4 **Verbinde.**

20 40 60 80 90
0 50 100

16

1 **Vergleiche:** <, =, >

a)
50 > 40 60 < 70

b)
40 > 30 70 < 80 60 > 50

2 **Ergänze und vergleiche:** <, =, >

50 < 70 60 > 40

50 = 50 30 > 0

3 **Vergleiche:** <, =, >

100 > 90 80 = 80 40 < 60
40 < 70 60 < 90 50 > 5
30 = 30 50 > 40 80 > 70

17

① Ordne die Zahlen. Beginne mit der kleinsten Zahl.

60   80   50   100   90

geordnet: 50 , 60 , 80 , 90 , 100

② Zeichne und ordne die Zahlen. Beginne mit der kleinsten Zahl.

20   60   50   70   90

geordnet: 20 , 50 , 60 , 70 , 90

③ Ordne die Zahlen. Beginne mit der kleinsten Zahl.

| 80 | 100 | 50 |
| 70 | 30 | |

| 60 | 80 | 40 |
| 20 | 90 | |

geordnet: 30 , 50 , 70 , 80 , 100   geordnet: 20 , 40 , 60 , 80 , 90

④ Ordne die Zahlen. Beginne mit der größten Zahl.

| 60 | 30 |
| 80 | 40 | 90 |

70	20
80	
50	100

geordnet: 90 , 80 , 60 , 40 , 30   geordnet: 100 , 80 , 70 , 50 , 20

18

Setze die Muster fort.

①
②
③
④
⑤

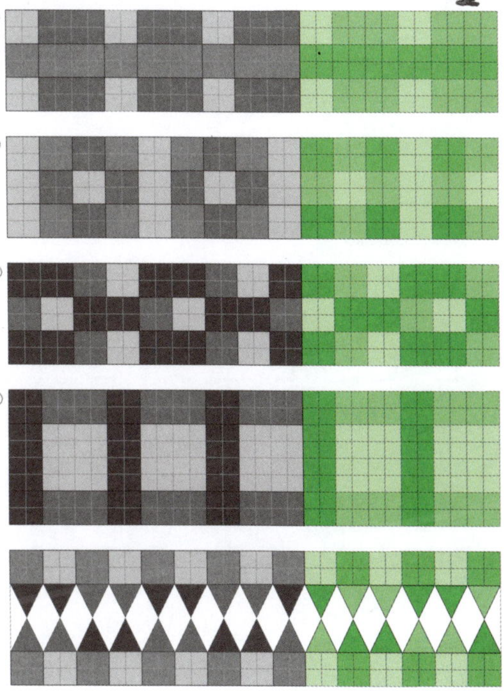

19

---

①

4 Einer + 3 Einer = 7 Einer

4 + 3 = 7

40 + 30 = 70

4 Zehner + 3 Zehner = 7 Zehner

②

50 + 30 = 80   30 + 20 = 50   50 + 50 = 100

40 + 40 = 80   60 + 30 = 90   20 + 60 = 80

③

| 7 + 2 = 9 | 4 + 5 = 9 | 3 + 3 = 6 | 2 + 6 = 8 |
| 70 + 20 = 90 | 40 + 50 = 90 | 30 + 30 = 60 | 20 + 60 = 80 |

| 2 + 4 = 6 | 3 + 5 = 8 | 4 + 4 = 8 | 8 + 2 = 10 |
| 20 + 40 = 60 | 30 + 50 = 80 | 40 + 40 = 80 | 80 + 20 = 100 |

④

30 + 10 = 40	40 + 20 = 60	60 + 30 = 90	10 + 20 = 30
40 + 10 = 50	40 + 30 = 70	50 + 30 = 80	20 + 20 = 40
50 + 10 = 60	40 + 40 = 80	40 + 30 = 70	30 + 20 = 50
60 + 10 = 70	40 + 50 = 90	30 + 30 = 60	40 + 20 = 60

20

①

7 Einer – 3 Einer = 4 Einer

7 – 3 = 4

70 – 30 = 40

7 Zehner – 3 Zehner = 4 Zehner

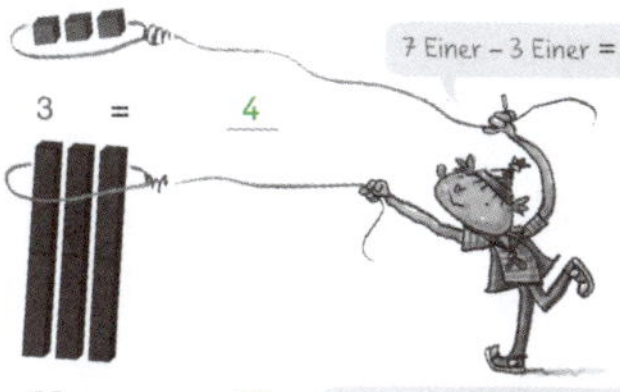

②

80 – 30 = 50   60 – 30 = 30   100 – 40 = 60

90 – 50 = 40   70 – 40 = 30   80 – 50 = 30

③

| 5 – 3 = 2 | 9 – 3 = 6 | 8 – 4 = 4 | 10 – 3 = 7 |
| 50 – 30 = 20 | 90 – 30 = 60 | 80 – 40 = 40 | 100 – 30 = 70 |

| 7 – 6 = 1 | 6 – 4 = 2 | 3 – 3 = 0 | 9 – 3 = 6 |
| 70 – 60 = 10 | 60 – 40 = 20 | 30 – 30 = 0 | 90 – 30 = 60 |

④

90 – 20 = 70	80 – 60 = 20	80 – 20 = 60	100 – 50 = 50
80 – 20 = 60	80 – 50 = 30	70 – 30 = 40	100 – 60 = 40
70 – 20 = 50	80 – 40 = 40	60 – 40 = 20	100 – 70 = 30
60 – 20 = 40	80 – 30 = 50	50 – 50 = 0	100 – 80 = 20

21

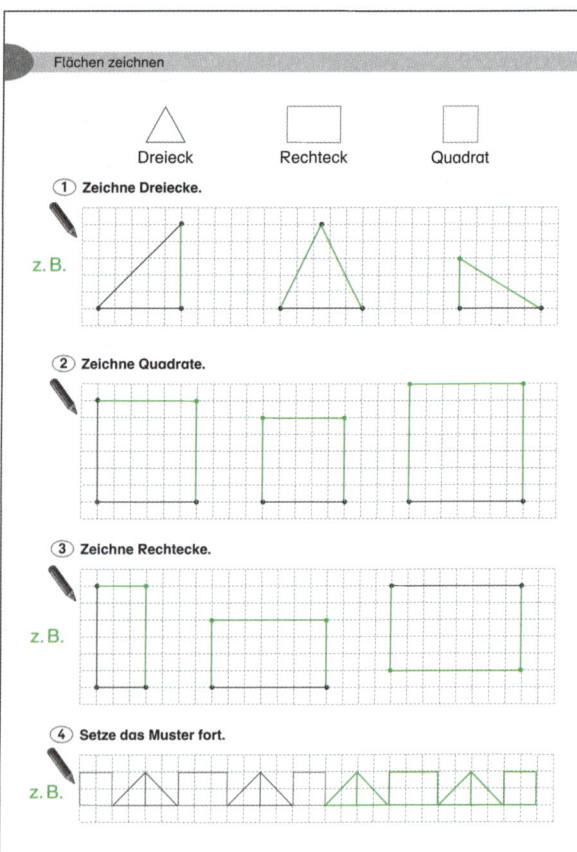

△ Dreieck   ▭ Rechteck   □ Quadrat

① **Zeichne Dreiecke.**

z. B.

② **Zeichne Quadrate.**

③ **Zeichne Rechtecke.**

z. B.

④ **Setze das Muster fort.**

z. B.

22

① **Welche Figuren haben mindestens eine Spiegelachse? Zeichne ein.**

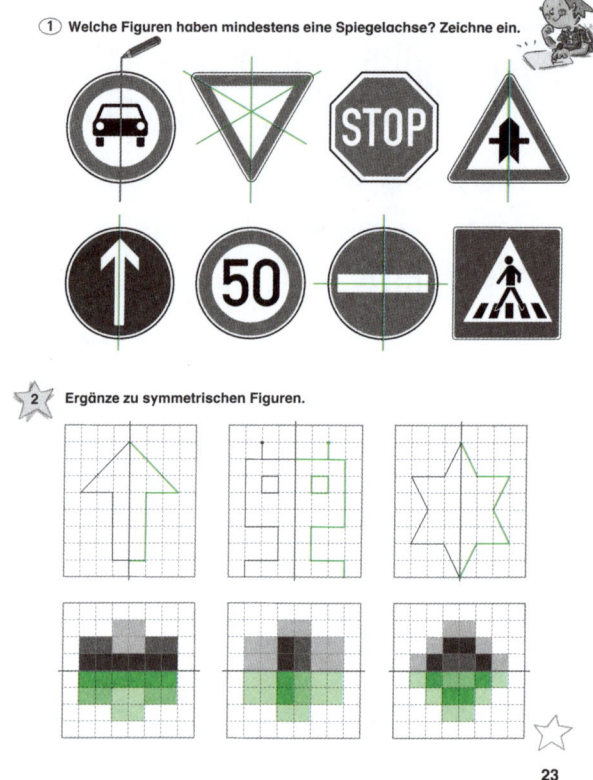

② **Ergänze zu symmetrischen Figuren.**

23

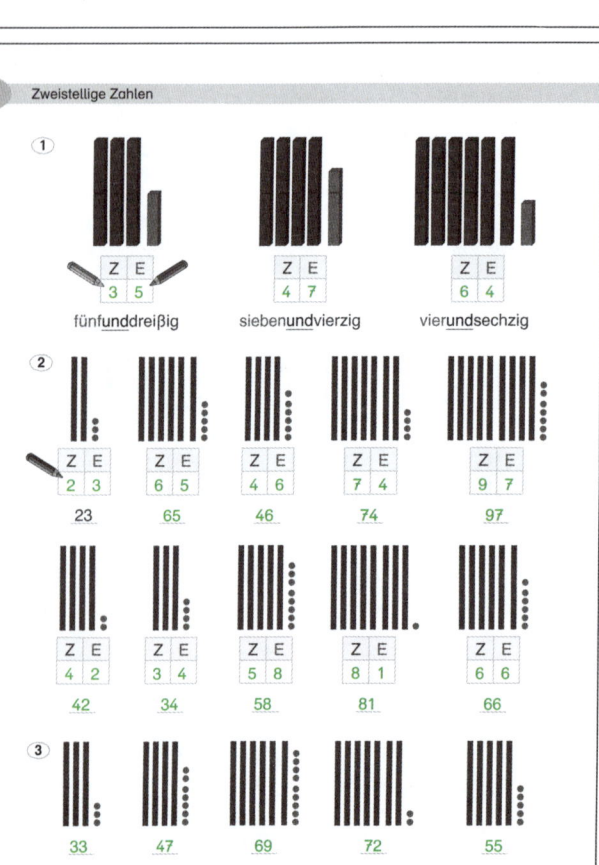

①

Z	E
3	5

fünf**und**drei**ß**ig

Z	E
4	7

sieben**und**vierzig

Z	E
6	4

vier**und**sechzig

②

Z	E		Z	E		Z	E		Z	E		Z	E
2	3		6	5		4	6		7	4		9	7

23   65   46   74   97

Z	E		Z	E		Z	E		Z	E		Z	E
4	2		3	4		5	8		8	1		6	6

42   34   58   81   66

③

33   47   69   72   55

24

④ **Male und ergänze.**

Z	E		Z	E		Z	E		Z	E
3	5		7	1		6	7		4	3

35   71   67   43

Z	E		Z	E		Z	E		Z	E
2	6		5	4		8	2		7	5

26   54   82   75

⑤ **Schreibe die Zahlen auf.**

zweiunddreißig	32	neunundzwanzig	29	sechsundneunzig	96
einundneunzig	91	dreiundfünfzig	53	vierundvierzig	44
siebenundvierzig	47	achtundsiebzig	78	fünfundsechzig	65
dreiundsechzig	63	fünfundachtzig	85	dreiundneunzig	93

⑥ **Bilde eine Aufgabe und löse sie.**

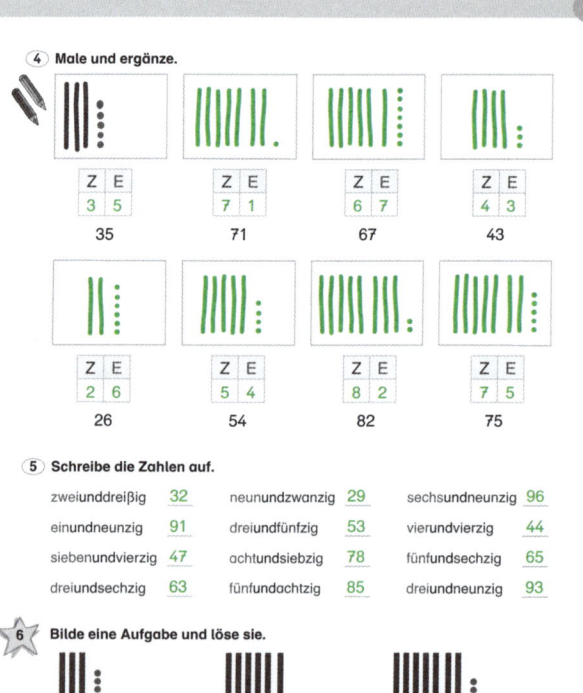

$30 + 8 = 38$ $60 + 3 = 63$ $70 + 7 = 77$

25

① Welche Zahlen sind dargestellt?

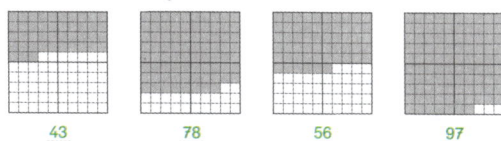

43   78   56   97

② Färbe.

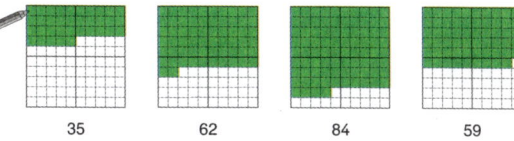

35   62   84   59

③ Ergänze die Zahlen.

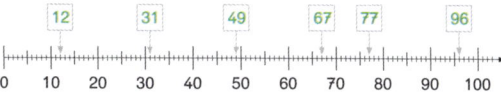

12 31 49 67 77 96

0 10 20 30 40 50 60 70 80 90 100

④ Verbinde.

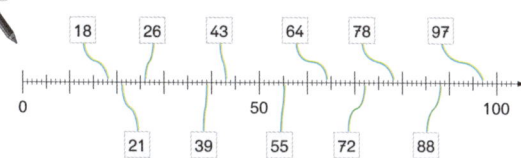

18 26 43 64 78 97

0   50   100

21 39 55 72 88

---

① Zähle vorwärts.

26 27 28 29 30 31 32 33 34 35 36 37 38

57 58 59 60 61 62   94 95 96 97 98 99

② Zähle rückwärts.

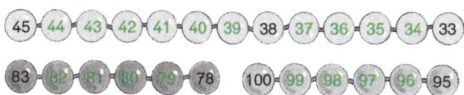

45 44 43 42 41 40 39 38 37 36 35 34 33

83 82 81 80 79 78   100 99 98 97 96 95

③ Welche Zahl steht dazwischen?

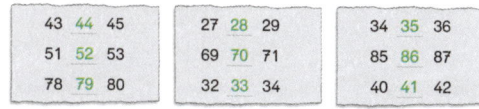

43 44 45	27 28 29	34 35 36
51 52 53	69 70 71	85 86 87
78 79 80	32 33 34	40 41 42

④ Trage die Nachbarzahlen ein.

a)

Vorgänger	Zahl	Nachfolger
61	62	63
80	81	82
36	37	38
93	94	95

b)

Vorgänger	Zahl	Nachfolger
49	50	51
44	45	46
98	99	100
59	60	61

⑤ Zwischen welchen Zehnern stehen die Zahlen?

50 53 60   60 67 70   30 35 40

40 46 50   90 96 100   70 77 80

---

① Vergleiche: <, =, >

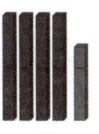

24 < 33   47 > 46

② Ergänze und vergleiche: <, =, >

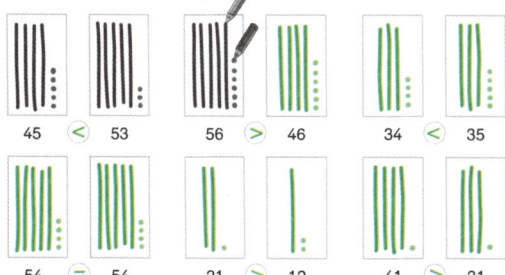

45 < 53 56 > 46 34 < 35

54 = 54 21 > 12 41 > 31

③ Vergleiche: <, =, >

73 < 82   85 > 58   93 > 91

61 > 59   63 < 64   29 = 29

46 = 46   50 > 40   81 > 18

90 < 92   37 < 73   44 < 55

---

① Ordne die Zahlen. Beginne mit der kleinsten Zahl.

35   41   25   60   53

geordnet: 25 , 35 , 41 , 53 , 60

② Zeichne und ordne die Zahlen. Beginne mit der kleinsten Zahl.

a)

32   40   51   43   24

geordnet: 24 , 32 , 40 , 43 , 51

b)

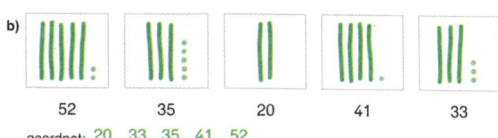

52   35   20   41   33

geordnet: 20 , 33 , 35 , 41 , 52

③ Ordne die Zahlen. Beginne mit der größten Zahl.

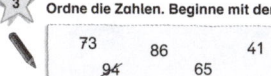

| 73 | 86 | | 41 | | 52 | 59 | | 89 |
| | 94 | 65 | | | | 90 | 96 | |

geordnet: 94 , 86 , 73 , 65 , 41   geordnet: 96 , 90 , 89 , 59 , 52

Page 30

1 Miss die Länge mit dem Lineal.

1 Zentimeter = 1 cm

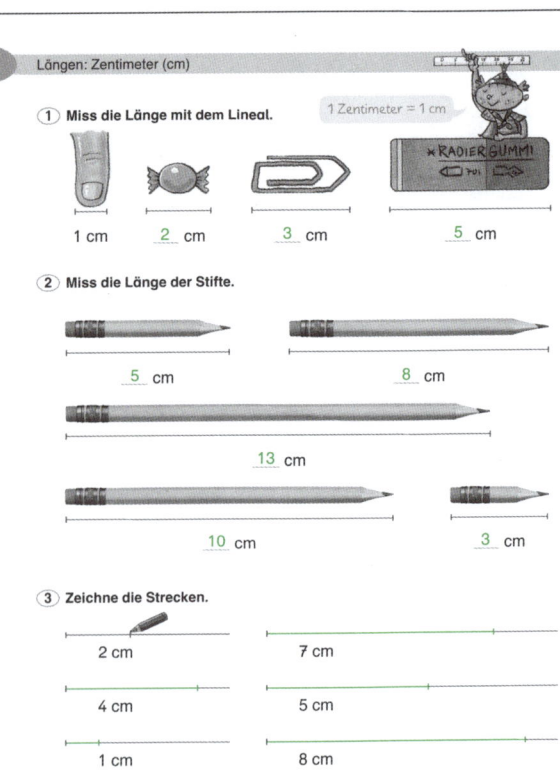

1 cm   2 cm   3 cm   5 cm

2 Miss die Länge der Stifte.

5 cm   8 cm

13 cm

10 cm   3 cm

3 Zeichne die Strecken.

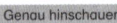

2 cm   7 cm

4 cm   5 cm

1 cm   8 cm

3 cm   6 cm

30

Page 31

4 Ordne. Beginne mit der kürzesten Länge.

a) 38 cm   25 cm   43 cm   83 cm   52 cm

geordnet: 25 cm, 38 cm, 43 cm, 52 cm, 83 cm

b) 72 cm   68 cm   57 cm   19 cm   91 cm

geordnet: 19 cm, 57 cm, 68 cm, 72 cm, 91 cm

5 Welcher Hase hat den kürzesten Weg zum Salat? Kreise ein.

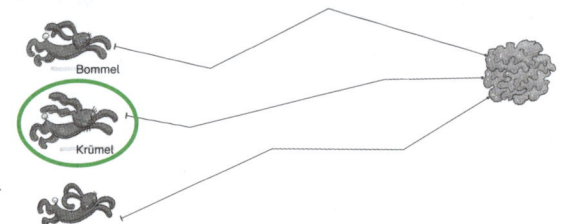

Bommel

Krümel

Murmel

Hase Bommel   3 cm + 4 cm + 5 cm = 12 cm
Hase Krümel   2 cm + 6 cm + 3 cm = 11 cm
Hase Murmel   5 cm + 4 cm + 3 cm = 12 cm

6
60 cm + 30 cm = 90 cm   90 cm − 50 cm = 40 cm
20 cm + 50 cm = 70 cm   80 cm − 60 cm = 20 cm
40 cm + 50 cm = 90 cm   70 cm − 40 cm = 30 cm
80 cm + 20 cm = 100 cm   100 cm − 60 cm = 40 cm

31

Page 32

1 Suche die 5 Fehler im unteren Bild. Kreise sie ein.

32

Page 33

1
20 + 3 = 23   30 + 5 = 35   60 + 8 = 68

2
50 + 6 = 56   70 + 4 = 74   90 + 7 = 97

40 + 2 = 42   60 + 5 = 65   80 + 9 = 89

3
60 + 7 = 67   50 + 1 = 51   40 + 6 = 46
40 + 9 = 49   30 + 5 = 35   80 + 7 = 87
80 + 3 = 83   20 + 8 = 28   30 + 2 = 32
90 + 6 = 96   60 + 4 = 64   70 + 5 = 75

4
30 + 5 = 35   20 + 9 = 29   70 + 3 = 73
40 + 5 = 45   40 + 9 = 49   60 + 3 = 63
50 + 5 = 55   60 + 9 = 69   50 + 3 = 53
60 + 5 = 65   80 + 9 = 89   40 + 3 = 43

33

Verwandte Aufgaben ⊕

Denke an die kleine Aufgabe.

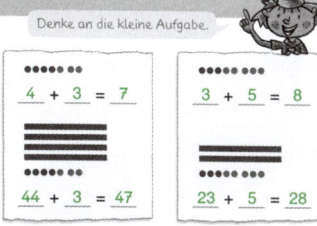

①

5 + 4 = 9
35 + 4 = 39

4 + 3 = 7
44 + 3 = 47

3 + 5 = 8
23 + 5 = 28

2 + 5 = 7
32 + 5 = 37

1 + 7 = 8
41 + 7 = 48

5 + 5 = 10
25 + 5 = 30

②

3 + 4 = 7
63 + 4 = 67

2 + 4 = 6
32 + 4 = 36

3 + 6 = 9
23 + 6 = 29

9 + 1 = 10
59 + 1 = 60

4 + 0 = 4
34 + 0 = 34

5 + 5 = 10
85 + 5 = 90

③

41 + 5 = 46
62 + 3 = 65
36 + 4 = 40
72 + 6 = 78
84 + 4 = 88

83 + 4 = 87
25 + 3 = 28
42 + 7 = 49
38 + 2 = 40
92 + 6 = 98

78 + 0 = 78
64 + 3 = 67
33 + 5 = 38
51 + 7 = 58
47 + 3 = 50

Verwandte Aufgaben ⊖

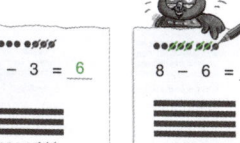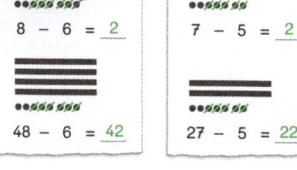

①

9 − 3 = 6
39 − 3 = 36

8 − 6 = 2
48 − 6 = 42

7 − 5 = 2
27 − 5 = 22

8 − 5 = 3
28 − 5 = 23

10 − 6 = 4
50 − 6 = 44

9 − 4 = 5
39 − 4 = 35

②

6 − 5 = 1
76 − 5 = 71

7 − 6 = 1
47 − 6 = 41

9 − 7 = 2
89 − 7 = 82

5 − 4 = 1
55 − 4 = 51

9 − 6 = 3
39 − 6 = 33

8 − 3 = 5
98 − 3 = 95

③

27 − 5 = 22
37 − 5 = 32
47 − 5 = 42
57 − 5 = 52
67 − 5 = 62

49 − 4 = 45
59 − 4 = 55
69 − 4 = 65
79 − 4 = 75
89 − 4 = 85

98 − 7 = 91
88 − 7 = 81
78 − 7 = 71
68 − 7 = 61
58 − 7 = 51

Ergänzen bis zum nächsten Zehner ⊕

① Male und rechne.

6 + 4 = 10
36 + 4 = 40

4 + 6 = 10
44 + 6 = 50

7 + 3 = 10
27 + 3 = 30

5 + 5 = 10
45 + 5 = 50

3 + 7 = 10
23 + 7 = 30

1 + 9 = 10
31 + 9 = 40

②

8 + 2 = 10
58 + 2 = 60

7 + 3 = 10
67 + 3 = 70

5 + 5 = 10
85 + 5 = 90

3 + 7 = 10
73 + 7 = 80

1 + 9 = 10
41 + 9 = 50

2 + 8 = 10
92 + 8 = 100

③

35 + 5 = 40
45 + 5 = 50
55 + 5 = 60
65 + 5 = 70

52 + 8 = 60
62 + 8 = 70
72 + 8 = 80
82 + 8 = 90

44 + 6 = 50
54 + 6 = 60
64 + 6 = 70
74 + 6 = 80

Einer von Zehnern subtrahieren

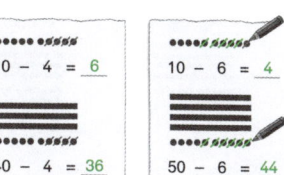

①

10 − 4 = 6
40 − 4 = 36

10 − 6 = 4
50 − 6 = 44

10 − 7 = 3
30 − 7 = 23

10 − 5 = 5
50 − 5 = 45

10 − 8 = 2
30 − 8 = 22

10 − 9 = 1
40 − 9 = 31

②

10 − 1 = 9
60 − 1 = 59

10 − 3 = 7
80 − 3 = 77

10 − 6 = 4
70 − 6 = 64

10 − 2 = 8
50 − 2 = 48

10 − 0 = 10
90 − 0 = 90

10 − 7 = 3
90 − 7 = 83

③

80 − 3 = 77
70 − 3 = 67
60 − 3 = 57
50 − 3 = 47
40 − 3 = 37

20 − 6 = 14
30 − 6 = 24
40 − 6 = 34
50 − 6 = 44
60 − 6 = 54

90 − 8 = 82
80 − 8 = 72
70 − 8 = 62
60 − 8 = 52
50 − 8 = 42

①

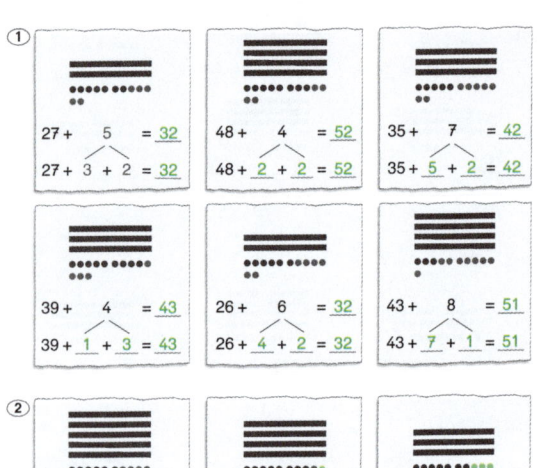

27 + 5 = 32
27 + 3 + 2 = 32

48 + 4 = 52
48 + 2 + 2 = 52

35 + 7 = 42
35 + 5 + 2 = 42

39 + 4 = 43
39 + 1 + 3 = 43

26 + 6 = 32
26 + 4 + 2 = 32

43 + 8 = 51
43 + 7 + 1 = 51

②

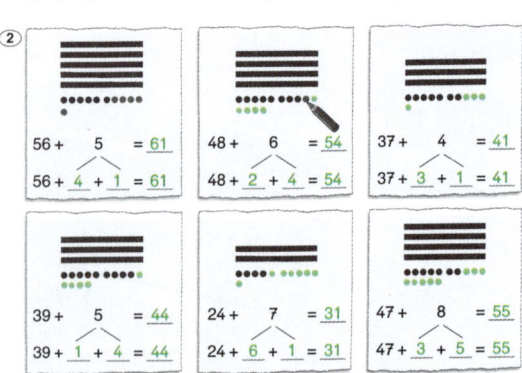

56 + 5 = 61
56 + 4 + 1 = 61

48 + 6 = 54
48 + 2 + 4 = 54

37 + 4 = 41
37 + 3 + 1 = 41

39 + 5 = 44
39 + 1 + 4 = 44

24 + 7 = 31
24 + 6 + 1 = 31

47 + 8 = 55
47 + 3 + 5 = 55

③

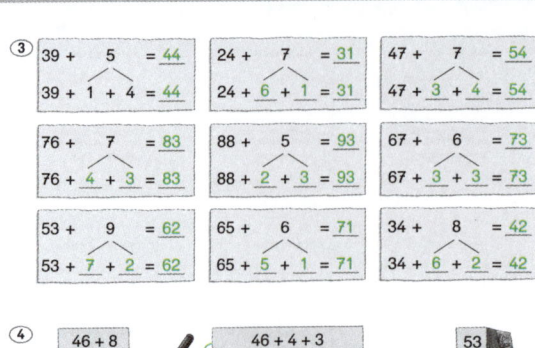

39 + 5 = 44
39 + 1 + 4 = 44

24 + 7 = 31
24 + 6 + 1 = 31

47 + 7 = 54
47 + 3 + 4 = 54

76 + 7 = 83
76 + 4 + 3 = 83

88 + 5 = 93
88 + 2 + 3 = 93

67 + 6 = 73
67 + 3 + 3 = 73

53 + 9 = 62
53 + 7 + 2 = 62

65 + 6 = 71
65 + 5 + 1 = 71

34 + 8 = 42
34 + 6 + 2 = 42

④

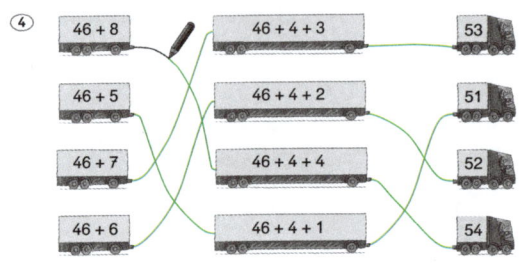

46 + 8   46 + 4 + 3   53
46 + 5   46 + 4 + 2   51
46 + 7   46 + 4 + 4   52
46 + 6   46 + 4 + 1   54

⑤

29 + 5 = 34   57 + 4 = 61   35 + 6 = 41
39 + 3 = 42   87 + 6 = 93   75 + 8 = 83
79 + 6 = 85   67 + 5 = 72   45 + 7 = 52
49 + 4 = 53   27 + 8 = 35   55 + 9 = 64
89 + 7 = 96   37 + 7 = 44   65 + 8 = 73

①

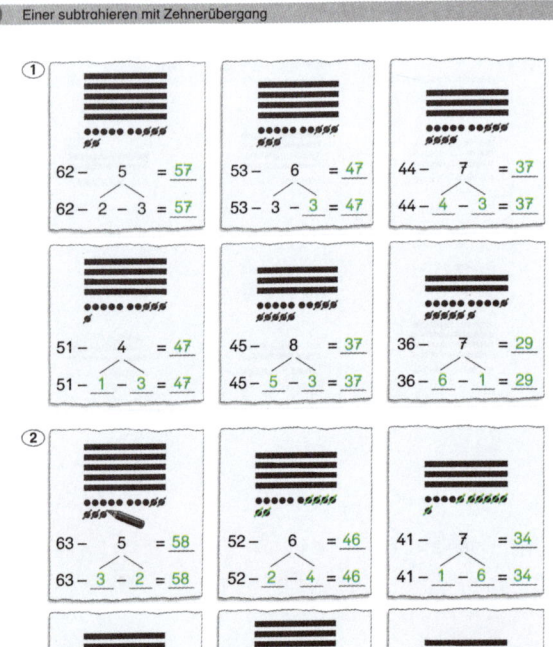

62 - 5 = 57
62 - 2 - 3 = 57

53 - 6 = 47
53 - 3 - 3 = 47

44 - 7 = 37
44 - 4 - 3 = 37

51 - 4 = 47
51 - 1 - 3 = 47

45 - 8 = 37
45 - 5 - 3 = 37

36 - 7 = 29
36 - 6 - 1 = 29

②

63 - 5 = 58
63 - 3 - 2 = 58

52 - 6 = 46
52 - 2 - 4 = 46

41 - 7 = 34
41 - 1 - 6 = 34

55 - 8 = 47
55 - 5 - 3 = 47

68 - 9 = 59
68 - 8 - 1 = 59

45 - 7 = 38
45 - 5 - 2 = 38

③

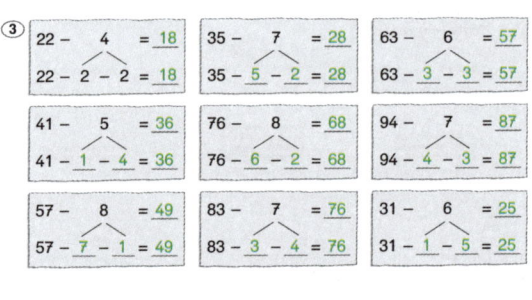

22 - 4 = 18
22 - 2 - 2 = 18

35 - 7 = 28
35 - 5 - 2 = 28

63 - 6 = 57
63 - 3 - 3 = 57

41 - 5 = 36
41 - 1 - 4 = 36

76 - 8 = 68
76 - 6 - 2 = 68

94 - 7 = 87
94 - 4 - 3 = 87

57 - 8 = 49
57 - 7 - 1 = 49

83 - 7 = 76
83 - 3 - 4 = 76

31 - 6 = 25
31 - 1 - 5 = 25

④

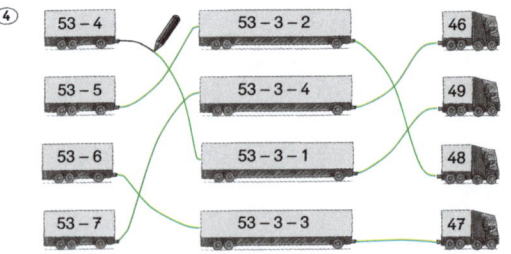

53 - 4   53 - 3 - 2   46
53 - 5   53 - 3 - 4   49
53 - 6   53 - 3 - 1   48
53 - 7   53 - 3 - 3   47

⑤

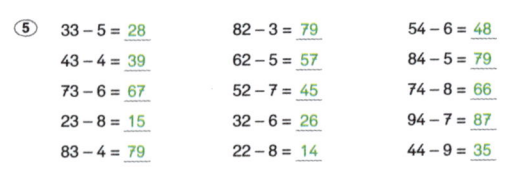

33 - 5 = 28   82 - 3 = 79   54 - 6 = 48
43 - 4 = 39   62 - 5 = 57   84 - 5 = 79
73 - 6 = 67   52 - 7 = 45   74 - 8 = 66
23 - 8 = 15   32 - 6 = 26   94 - 7 = 87
83 - 4 = 79   22 - 8 = 14   44 - 9 = 35

**① **

38 + 3 = 41	57 + 4 = 61	49 + 2 = 51
38 + 4 = 42	57 + 5 = 62	48 + 3 = 51
38 + 5 = 43	57 + 6 = 63	47 + 4 = 51
38 + 6 = 44	57 + 7 = 64	46 + 5 = 51
76 + 3 = 79	26 + 5 = 31	35 + 6 = 41
77 + 4 = 81	27 + 5 = 32	46 + 7 = 53
78 + 5 = 83	28 + 5 = 33	57 + 8 = 65
79 + 6 = 85	29 + 5 = 34	68 + 9 = 77

②

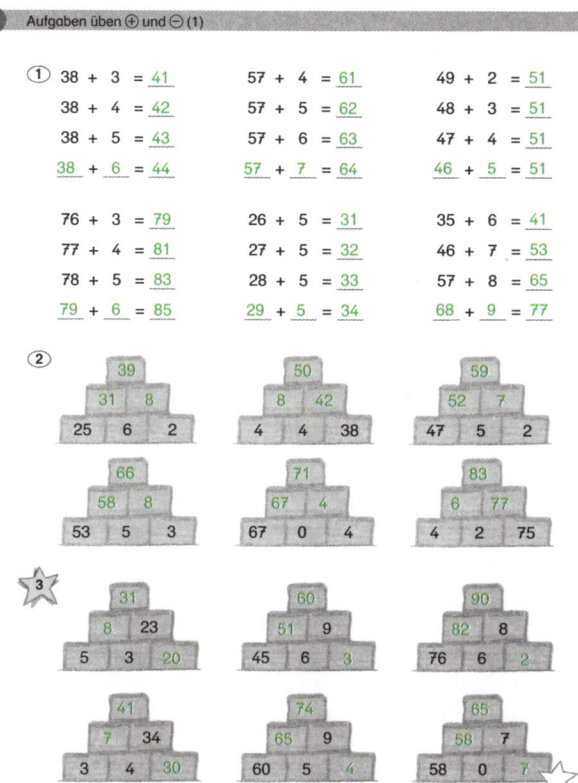

⊰3⊱

④ Verbinde.

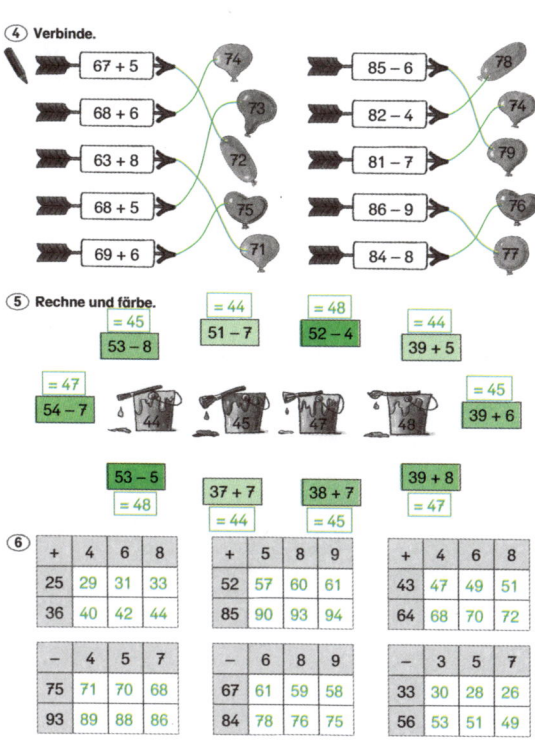

67 + 5	72
68 + 6	74
63 + 8	71
68 + 5	73
69 + 6	75

85 − 6	79
82 − 4	78
81 − 7	74
86 − 9	76
84 − 8	77

⑤ Rechne und färbe.

53 − 8 = 45	51 − 7 = 44	52 − 4 = 48	39 + 5 = 44
54 − 7 = 47			39 + 6 = 45
53 − 5 = 48	37 + 7 = 44	38 + 7 = 45	39 + 8 = 47

⑥

+	4	6	8
25	29	31	33
36	40	42	44

+	5	8	9
52	57	60	61
85	90	93	94

+	4	6	8
43	47	49	51
64	68	70	72

−	4	5	7
75	71	70	68
93	89	88	86

−	6	8	9
67	61	59	58
84	78	76	75

−	3	5	7
33	30	28	26
56	53	51	49

---

① Male aus.

Würfel · Quader · Zylinder · Kugel · Pyramide

a)

b)

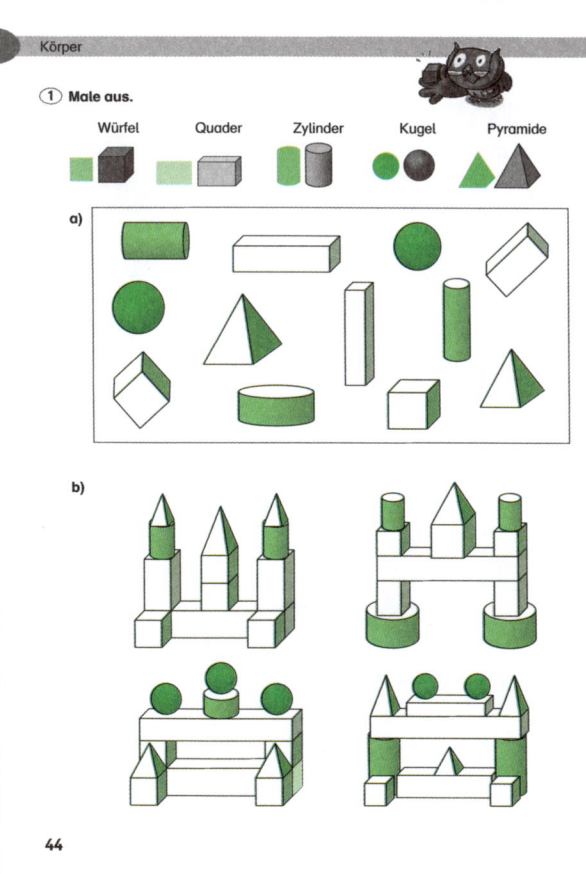

② Verbinde.

③ Zähle.

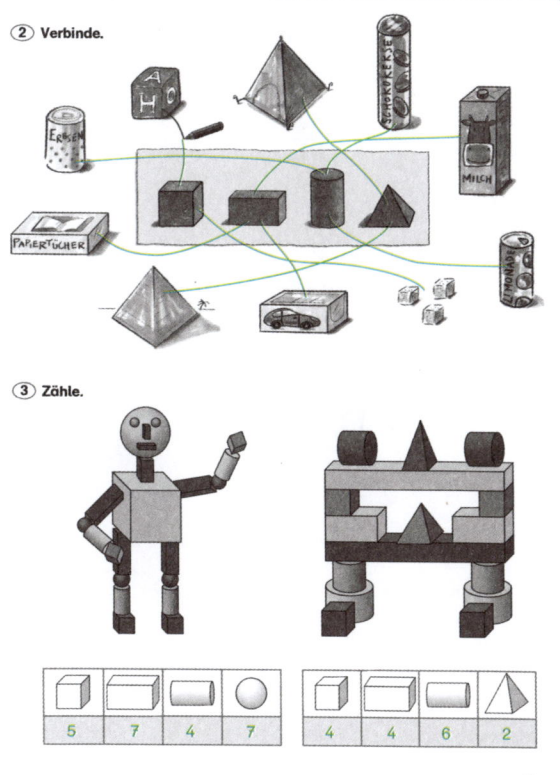

5	7	4	7

4	4	6	2

①

57 + 30 = 87   43 + 40 = 83   66 + 30 = 96

②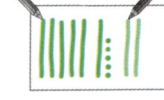

32 + 30 = 62   65 + 20 = 85   53 + 40 = 93

46 + 40 = 86   34 + 60 = 94   25 + 50 = 75

③
68 + 30 = 98   47 + 30 = 77   12 + 60 = 72
51 + 40 = 91   39 + 50 = 89   27 + 50 = 77
83 + 10 = 93   25 + 40 = 65   34 + 60 = 94
72 + 20 = 92   56 + 30 = 86   46 + 50 = 96

④
22 + 20 = 42   27 + 40 = 67   16 + 10 = 26
22 + 30 = 52   37 + 40 = 77   26 + 20 = 46
22 + 40 = 62   47 + 40 = 87   36 + 30 = 66
22 + 50 = 72   57 + 40 = 97   46 + 40 = 86

46

①

56 – 30 = 26   74 – 40 = 34   87 – 30 = 57

②

71 – 20 = 51   53 – 40 = 13   84 – 60 = 24

65 – 40 = 25   46 – 30 = 16   72 – 50 = 22

③
54 – 20 = 34   65 – 20 = 45   94 – 30 = 64
72 – 10 = 62   49 – 30 = 19   82 – 50 = 32
66 – 30 = 36   58 – 50 = 8   73 – 60 = 13
91 – 40 = 51   93 – 60 = 33   67 – 40 = 27

④
84 – 20 = 64   66 – 40 = 26   95 – 10 = 85
84 – 30 = 54   76 – 40 = 36   85 – 20 = 65
84 – 40 = 44   86 – 40 = 46   75 – 30 = 45
84 – 50 = 34   96 – 40 = 56   65 – 40 = 25

47

① **Wie spät ist es? Ergänze die beiden Uhrzeiten.**

Immer zwei Uhrzeiten:
3 Uhr und 15 Uhr.

3 Uhr   7 Uhr   1 Uhr
15 Uhr   19 Uhr   13 Uhr

5 Uhr   2 Uhr   9 Uhr   11 Uhr
17 Uhr   14 Uhr   21 Uhr   23 Uhr

② **Verbinde.**

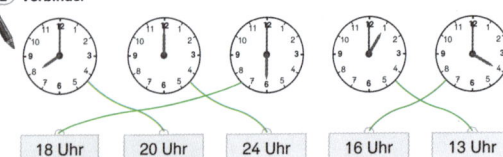

18 Uhr   20 Uhr   24 Uhr   16 Uhr   13 Uhr

③ **Trage die Zeiger in die Uhren ein. Ergänze.**

11 Uhr   7 Uhr   9 Uhr   5 Uhr
23 Uhr   19 Uhr   21 Uhr   17 Uhr

48

Abfahrt   Ankunft   Wie viele Stunden sind vergangen?

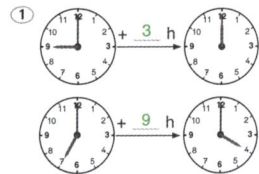 +5 h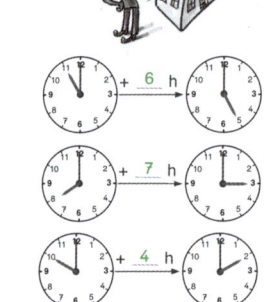

① 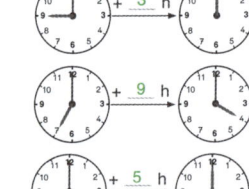 + 3 h   + 6 h

+ 9 h   + 7 h

+ 5 h   + 4 h

② Von 7.00 Uhr bis 11.00 Uhr vergehen 4 Stunden.
Von 9.00 Uhr bis 14.00 Uhr vergehen 5 Stunden.
Von 16.00 Uhr bis 21.00 Uhr vergehen 5 Stunden.
Von 6.00 Uhr bis 12.00 Uhr vergehen 6 Stunden.

③ 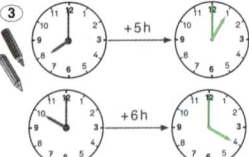 +5h   +7h

+6h   +5h

49

①  Addiere erst die Zehner und dazu dann die Einer.

55 + 34 = 89
55 + 30 = 85
85 + 4 = 89

43 + 45 = 88
43 + 40 = 83
83 + 5 = 88

32 + 36 = 68
32 + 30 = 62
62 + 6 = 68

73 + 24 = 97
73 + 20 = 93
93 + 4 = 97

56 + 43 = 99
56 + 40 = 96
96 + 3 = 99

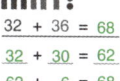

44 + 32 = 76
44 + 30 = 74
74 + 2 = 76

65 + 23 = 88
65 + 20 = 85
85 + 3 = 88

31 + 56 = 87
31 + 50 = 81
81 + 6 = 87

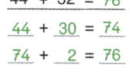

② 53 + 32 = 85
53 + 30 = 83
83 + 2 = 85

32 + 46 = 78
32 + 40 = 72
72 + 6 = 78

22 + 64 = 86
22 + 60 = 82
82 + 4 = 86

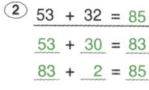

66 + 22 = 88
66 + 20 = 86
86 + 2 = 88

45 + 53 = 98
45 + 50 = 95
95 + 3 = 98

11 + 47 = 58
11 + 40 = 51
51 + 7 = 58

---

①  Subtrahiere erst die Zehner und dann vom Ergebnis die Einer.

48 − 23 = 25
48 − 20 = 28
28 − 3 = 25

86 − 34 = 52
86 − 30 = 56
56 − 4 = 52

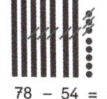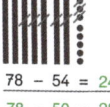

97 − 45 = 52
97 − 40 = 57
57 − 5 = 52

78 − 54 = 24
78 − 50 = 28
28 − 4 = 24

89 − 46 = 43
89 − 40 = 49
49 − 6 = 43

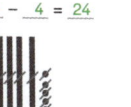

85 − 34 = 51
85 − 30 = 55
55 − 4 = 51

66 − 45 = 21
66 − 40 = 26
26 − 5 = 21

58 − 26 = 32
58 − 20 = 38
38 − 6 = 32

② 38 − 23 = 15
38 − 20 = 18
18 − 3 = 15

85 − 65 = 20
85 − 60 = 25
25 − 5 = 20

93 − 82 = 11
93 − 80 = 13
13 − 2 = 11

47 − 45 = 2
47 − 40 = 7
7 − 5 = 2

68 − 34 = 34
68 − 30 = 38
38 − 4 = 34

84 − 72 = 12
84 − 70 = 14
14 − 2 = 12

---

① 42 + 6 = 48
42 + 16 = 58
42 + 26 = 68
42 + 36 = 78

34 + 5 = 39
34 + 15 = 49
34 + 25 = 59
34 + 35 = 69

53 + 6 = 59
53 + 16 = 69
53 + 26 = 79
53 + 36 = 89

68 − 5 = 63
68 − 15 = 53
68 − 25 = 43
68 − 35 = 33

79 − 4 = 75
79 − 14 = 65
79 − 24 = 55
79 − 34 = 45

87 − 4 = 83
87 − 14 = 73
87 − 24 = 63
87 − 34 = 53

② Verbinde.

74 + 5 = — 77
57 + 20 = — 76
51 + 25 = — 79
43 + 35 = — 75
32 + 43 = — 78

37 − 6 = — 33
63 − 30 = — 31
76 − 42 = — 32
69 − 34 = — 35
55 − 23 = — 34

③ Rechne und färbe.

= 53
93 − 40

= 54
59 − 5

= 55
43 + 12

= 53
78 − 25

= 56
59 − 3

= 55
32 + 23

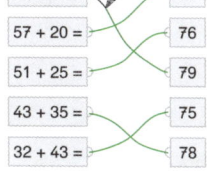 53
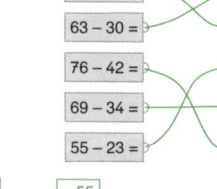 54
55
56

76 − 21
= 55

26 + 30
= 56

85 − 32
= 53

14 + 40
= 54

1 Verbinde. Rechne und beantworte die Fragen.

Max hat 54 € gespart. Zum Geburtstag bekommt er 22 € geschenkt. Wie viel Geld hat Max nun?

54 € ⊕ 22 € = 76 €

Antwort: Max hat nun 76 €.

10 € 20 € 20 €
2€ 2€

Herr Schulz hat 54 €. Er bezahlt 22 € für seinen Einkauf. Wie viel Geld bleibt übrig?

54 € ⊖ 22 € = 32 €

Antwort: Herr Schulz hat 32 € übrig.

10 € 20 € 20 €
20 € 2€ 2€ 2€

Ben hat 42 € gespart. Er kauft sich einen Baukasten für 21 €. Wie viel Geld hat er noch?

42 € ⊖ 21 € = 21 €

Antwort: Ben hat noch 21 €.

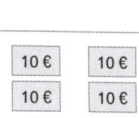
10 € 10 €
10 € 10 €
1€ 1€

Auf Annes Platz liegen 21 €. Maria hat doppelt so viel Geld. Wie viel Geld hat Maria?

21 € ⊕ 21 € = 42 €

Antwort: Maria hat 42 €.

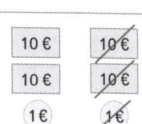
10 € 10 €
10 € 10 €
1€ 1€

1. Weg

Addiere erst die Zehner und dann die Einer.
Addiere danach beide Ergebnisse.

36 + 25

| 36 + 25 = 61 |
| 30 + 20 = 50 |
| 6 + 5 = 11 |
| 50 + 11 = 61 |

① Rechne.

57 + 25 = 82
50 + 20 = 70
7 + 5 = 12
70 + 12 = 82

48 + 36 = 84
40 + 30 = 70
8 + 6 = 14
70 + 14 = 84

69 + 26 = 95
60 + 20 = 80
9 + 6 = 15
80 + 15 = 95

36 + 37 = 73
30 + 30 = 60
6 + 7 = 13
60 + 13 = 73

26 + 46 = 72
20 + 40 = 60
6 + 6 = 12
60 + 12 = 72

47 + 47 = 94
40 + 40 = 80
7 + 7 = 14
80 + 14 = 94

54

Ergänze die Einer
mit rotem Stift.

②

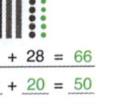

29 + 34 = 63
20 + 30 = 50
9 + 4 = 13
50 + 13 = 63

38 + 28 = 66
30 + 20 = 50
8 + 8 = 16
50 + 16 = 66

45 + 37 = 82
40 + 30 = 70
5 + 7 = 12
70 + 12 = 82

57 + 26 = 83
50 + 20 = 70
7 + 6 = 13
70 + 13 = 83

38 + 56 = 94
30 + 50 = 80
8 + 6 = 14
80 + 14 = 94

69 + 15 = 84
60 + 10 = 70
9 + 5 = 14
70 + 14 = 84

③ 28 + 37 = 65
20 + 30 = 50
8 + 7 = 15
50 + 15 = 65

39 + 42 = 81
30 + 40 = 70
9 + 2 = 11
70 + 11 = 81

46 + 46 = 92
40 + 40 = 80
6 + 6 = 12
80 + 12 = 92

76 + 18 = 94
70 + 10 = 80
6 + 8 = 14
80 + 14 = 94

57 + 34 = 91
50 + 30 = 80
7 + 4 = 11
80 + 11 = 91

63 + 28 = 91
60 + 20 = 80
3 + 8 = 11
80 + 11 = 91

55

Erst die Zehner addieren
und dann dazu die Einer.

2. Weg

46 + 25 = 71
46 + 20 = 66
66 + 5 = 71

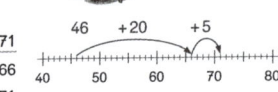

46   +20   +5

40   50   60   70   80

① 37 + 26 = 63
37 + 20 = 57
57 + 6 = 63

37   +20   +6

20 30 40 50 60 70

28 + 38 = 66
28 + 30 = 58
58 + 8 = 66

28   +30   +8

20 30 40 50 60 70

36 + 36 = 72
36 + 30 = 66
66 + 6 = 72

36   +30   +6

30 40 50 60 70 80

46 + 27 = 73
46 + 20 = 66
66 + 7 = 73

46   +20   +7

30 40 50 60 70 80

47 + 37 = 84
47 + 30 = 77
77 + 7 = 84

47   +30   +7

40 50 60 70 80 90

54 + 29 = 83
54 + 20 = 74
74 + 9 = 83

54   +20   +9

40 50 60 70 80 90

56

---

② 68 + 24 = 92
68 + 20 = 88
88 + 4 = 92

59 + 27 = 86
59 + 20 = 79
79 + 7 = 86

45 + 38 = 83
45 + 30 = 75
75 + 8 = 83

28 + 25 = 53
28 + 20 = 48
48 + 5 = 53

38 + 44 = 82
38 + 40 = 78
78 + 4 = 82

57 + 34 = 91
57 + 30 = 87
87 + 4 = 91

37 + 37 = 74
37 + 30 = 67
67 + 7 = 74

77 + 15 = 92
77 + 10 = 87
87 + 5 = 92

56 + 37 = 93
56 + 30 = 86
86 + 7 = 93

45 + 46 = 91
45 + 40 = 85
85 + 6 = 91

64 + 28 = 92
64 + 20 = 84
84 + 8 = 92

26 + 46 = 72
26 + 40 = 66
66 + 6 = 72

③ a) 26 + 7 = 33
26 + 17 = 43
26 + 27 = 53
26 + 37 = 63

48 + 6 = 54
48 + 16 = 64
48 + 26 = 74
48 + 36 = 84

37 + 8 = 45
37 + 18 = 55
37 + 28 = 65
37 + 38 = 75

b) 25 + 7 = 32
25 + 27 = 52
25 + 47 = 72
25 + 67 = 92

16 + 6 = 22
16 + 26 = 42
16 + 46 = 62
16 + 66 = 82

29 + 5 = 34
29 + 25 = 54
29 + 45 = 74
29 + 65 = 94

57

①  Subtrahiere erst die Zehner und dann vom Ergebnis die Einer.

64 − 36 = 28
64 − 30 = 34
34 − 6 = 28

72 − 24 = 48
72 − 20 = 52
52 − 4 = 48

84 − 35 = 49
84 − 30 = 54
54 − 5 = 49

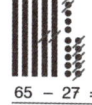

65 − 27 = 38
65 − 20 = 45
45 − 7 = 38

93 − 36 = 57
93 − 30 = 63
63 − 6 = 57

57 − 38 = 19
57 − 30 = 27
27 − 8 = 19

71 − 44 = 27
71 − 40 = 31
31 − 4 = 27

82 − 37 = 45
82 − 30 = 52
52 − 7 = 45

74 − 37 = 37
74 − 30 = 44
44 − 7 = 37

63 − 47 = 16
63 − 40 = 23
23 − 7 = 16

94 − 46 = 48
94 − 40 = 54
54 − 6 = 48

58

②

62 − 34 = 28
62 − 30 = 32
32 − 4 = 28

53 − 35 = 18
53 − 30 = 23
23 − 5 = 18

91 − 54 = 37
91 − 50 = 41
41 − 4 = 37

84 − 48 = 36
84 − 40 = 44
44 − 8 = 36

76 − 39 = 37
76 − 30 = 46
46 − 9 = 37

85 − 67 = 18
85 − 60 = 25
25 − 7 = 18

64 − 57 = 7
64 − 50 = 14
14 − 7 = 7

52 − 46 = 6
52 − 40 = 12
12 − 6 = 6

75 − 48 = 27
75 − 40 = 35
35 − 8 = 27

③

81 − 53 = 28
81 − 50 = 31
31 − 3 = 28

95 − 37 = 58
95 − 30 = 65
65 − 7 = 58

66 − 58 = 8
66 − 50 = 16
16 − 8 = 8

92 − 44 = 48
92 − 40 = 52
52 − 4 = 48

84 − 56 = 28
84 − 50 = 34
34 − 6 = 28

73 − 55 = 18
73 − 50 = 23
23 − 5 = 18

59

 6 mal 2 Kirschen sind 12 Kirschen.

①

2 + 2 + 2 = 6
3 · 2 = 6

2 + 2 + 2 + 2 + 2 + 2 = 12
6 · 2 = 12

3 + 3 + 3 + 3 = 12
4 · 3 = 12

3 + 3 + 3 + 3 + 3 = 15
5 · 3 = 15

4 + 4 + 4 + 4 = 16
4 · 4 = 16

4 + 4 + 4 + 4 + 4 = 20
5 · 4 = 20

②

5 + 5 + 5 = 15
3 · 5 = 15

5 + 5 + 5 + 5 + 5 + 5 = 30
6 · 5 = 30

6 + 6 + 6 + 6 = 24
4 · 6 = 24

6 + 6 + 6 + 6 + 6 = 30
5 · 6 = 30

60

③ Male und rechne.

2 + 2 + 2 + 2 = 8
4 · 2 = 8

4 + 4 + 4 + 4 + 4 = 20
5 · 4 = 20

5 + 5 + 5 + 5 = 20
4 · 5 = 20

3 + 3 + 3 + 3 + 3 = 15
5 · 3 = 15

④ Wie heißt die Malaufgabe?

6 + 6 + 6 + 6 = 24
4 · 6 = 24

2 + 2 + 2 + 2 + 2 = 10
5 · 2 = 10

7 + 7 + 7 = 21
3 · 7 = 21

8 + 8 + 8 + 8 = 32
4 · 8 = 32

⑤ Verbinde.

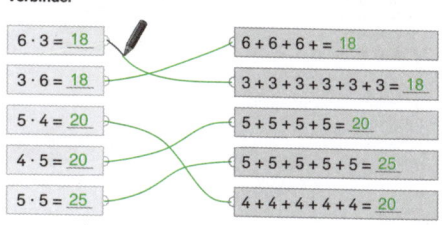

6 · 3 = 18
3 · 6 = 18
5 · 4 = 20
4 · 5 = 20
5 · 5 = 25

6 + 6 + 6 + = 18
3 + 3 + 3 + 3 + 3 + 3 = 18
5 + 5 + 5 + 5 = 20
5 + 5 + 5 + 5 + 5 = 25
4 + 4 + 4 + 4 + 4 = 20

61

①

2   2 + 2 = 4   2 + 2 + 2 + 2 = 8

1 · 2 = 2   2 · 2 = 4   4 · 2 = 8

2 + 2 + 2 + 2 + 2 = 10   2 + 2 + 2 + 2 + 2 + 2 = 12

5 · 2 = 10   6 · 2 = 12

2 + 2 + 2 = 6   2 + 2 + 2 + 2 + 2 + 2 + 2 = 14

3 · 2 = 6   7 · 2 = 14

② **Male und löse die Aufgabe.**

5 · 2 = 10   8 · 2 = 16

7 · 2 = 14   9 · 2 = 18

③ **Immer 2 mehr**

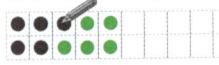

1 · 2 = 2	4 · 2 = 8
2 · 2 = 4	5 · 2 = 10
3 · 2 = 6	6 · 2 = 12

7 · 2 = 14   9 · 2 = 18
8 · 2 = 16   10 · 2 = 20

Malfolge der 2

---

①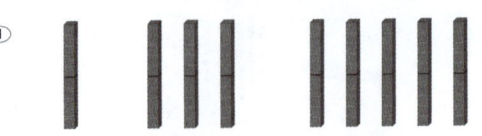

10   10 + 10 + 10 = 30   10 + 10 + 10 + 10 + 10 = 50

1 · 10 = 10   3 · 10 = 30   5 · 10 = 50

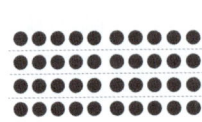

10 + 10 + 10 + 10 = 40   10 + 10 + 10 + 10 + 10 + 10 = 60

4 · 10 = 40   6 · 10 = 60

② **Male und löse die Aufgabe.**

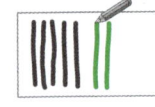

7 · 10 = 70   9 · 10 = 90   8 · 10 = 80

③ **Immer 10 mehr**

1 · 10 = 10	4 · 10 = 40
2 · 10 = 20	5 · 10 = 50
3 · 10 = 30	6 · 10 = 60

7 · 10 = 70   9 · 10 = 90
8 · 10 = 80   10 · 10 = 100

Malfolge der 10

---

①

5   5 + 5 = 10   5 + 5 + 5 + 5 = 20

1 · 5 = 5   2 · 5 = 10   4 · 5 = 20

5 + 5 + 5 + 5 + 5 + 5 + 5 = 35   5 + 5 + 5 + 5 = 20

7 · 5 = 35   4 · 5 = 20

5 + 5 + 5 + 5 + 5 = 25   5 + 5 + 5 = 15   5 + 5 + 5 + 5 + 5 + 5 = 30

5 · 5 = 25   3 · 5 = 15   6 · 5 = 30

② **Male und löse die Aufgabe.**

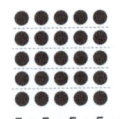

8 · 5 = 40   9 · 5 = 45

③ **Immer 5 mehr**

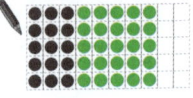

1 · 5 = 5	4 · 5 = 20
2 · 5 = 10	5 · 5 = 25
3 · 5 = 15	6 · 5 = 30

7 · 5 = 35   9 · 5 = 45
8 · 5 = 40   10 · 5 = 50

Malfolge der 5

---

① **Färbe:**

a) **alle Zahlen der Malfolge der 2**

8	12	13	18	15	10	20	17	14	11

b) **alle Zahlen der Malfolge der 10**

20	39	50	77	10	80	45	84	100	90

c) **alle Zahlen der Malfolge der 5**

16	15	30	42	45	29	20	50	5	33

② **Verbinde.**

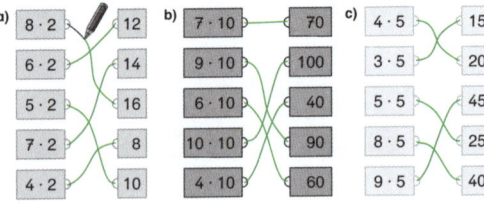

a)
8 · 2	12
6 · 2	14
5 · 2	16
7 · 2	8
4 · 2	10

b)
7 · 10	70
9 · 10	100
6 · 10	40
10 · 10	90
4 · 10	60

c)
4 · 5	15
3 · 5	20
5 · 5	45
8 · 5	25
9 · 5	40

③ **Ergänze die Tabelle.**

·	2	10	5
3	6	30	15
5	10	50	25
7	14	70	35

·	2	10	5
4	8	40	20
8	16	80	40
9	18	90	45

·	2	10	5
2	4	20	10
6	12	60	30
10	20	100	50

①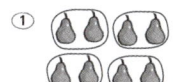

8 : 2 = 4   15 : 5 = 3   20 : 10 = 2
4 · 2 = 8   3 · 5 = 15   2 · 10 = 20

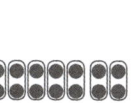 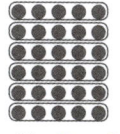 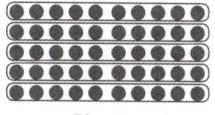

14 : 2 = 7   30 : 5 = 6   50 : 10 = 5
7 · 2 = 14   6 · 5 = 30   5 · 10 = 50

② **Kreise ein und rechne.**

 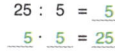 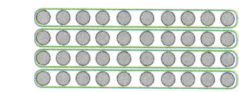

8 : 2 = 4   25 : 5 = 5   40 : 10 = 4
4 · 2 = 8   5 · 5 = 25   4 · 10 = 40

 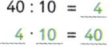 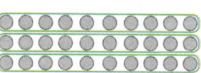

10 : 2 = 5   20 : 5 = 4   30 : 10 = 3
5 · 2 = 10   4 · 5 = 20   3 · 10 = 30

66

①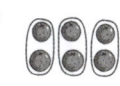

6 : 2 = 3   12 : 2 = 6   16 : 2 = 8
3 · 2 = 6   6 · 2 = 12   8 · 2 = 16

② **Kreise ein und rechne.**

14 : 2 = 7   8 : 2 = 4   20 : 2 = 10
7 · 2 = 14   4 · 2 = 8   10 · 2 = 40

4 : 2 = 2   10 : 2 = 5   18 : 2 = 9
2 · 2 = 4   5 · 2 = 10   9 · 2 = 18

③ Ich löse erst die Malaufgabe.

		12 : 2 = 6	6 : 2 = 3
		6 · 2 = 12	3 · 2 = 6

2 : 2 = 1	16 : 2 = 8	8 : 2 = 4	4 : 2 = 2
1 · 2 = 1	8 · 2 = 16	4 · 2 = 8	2 · 2 = 4

10 : 2 = 5	18 : 2 = 9	14 : 2 = 7	20 : 2 = 10
5 · 2 = 10	9 · 2 = 18	7 · 2 = 14	10 · 2 = 20

67

①

20 : 10 = 2   40 : 10 = 4   30 : 10 = 3
2 · 10 = 20   4 · 10 = 40   3 · 10 = 30

② **Kreise ein und rechne.**

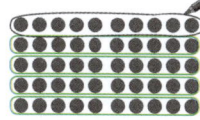 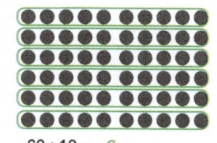

50 : 10 = 5   60 : 10 = 6
5 · 10 = 50   6 · 10 = 60

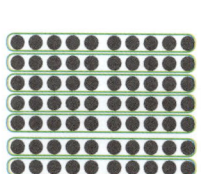 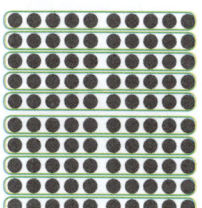

80 : 10 = 8   100 : 10 = 10
8 · 10 = 80   10 · 10 = 100

③

30 : 10 = 3	70 : 10 = 7	90 : 10 = 9	10 : 10 = 1
3 · 10 = 30	7 · 10 = 70	9 · 10 = 90	1 · 10 = 10

68

①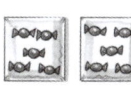

10 : 5 = 2   15 : 5 = 3   25 : 5 = 5
2 · 5 = 10   3 · 5 = 15   5 · 5 = 25

② **Kreise ein und rechne.**

 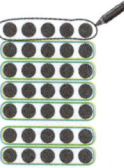

30 : 5 = 6   35 : 5 = 7
6 · 5 = 30   7 · 5 = 35

40 : 5 = 8   50 : 5 = 10
8 · 5 = 40   10 · 5 = 50

③

5 : 5 = 1	20 : 5 = 4	30 : 5 = 6	45 : 5 = 9
1 · 5 = 5	4 · 5 = 20	6 · 5 = 30	9 · 5 = 45

69

①
15 : 5 = 3
30 : 10 = 3
18 : 2 = 9
40 : 5 = 8
14 : 2 = 7

3 · 10 = 30
9 · 2 = 18
3 · 5 = 15
7 · 2 = 14
8 · 5 = 40

②

→:2→	
6	3
10	5
16	8
20	10

→:10→	
40	4
60	6
80	8
100	10

→:5→	
5	1
20	4
50	10
45	9

③
10 : 2 = 5   10 : 10 = 1   10 : 5 = 2
5 · 2 = 10   1 · 10 = 10   2 · 5 = 10

20 : 2 = 10   20 : 10 = 2   20 : 5 = 4
10 · 2 = 20   2 · 10 = 20   4 · 5 = 20

30 : 10 = 3   40 : 10 = 4   50 : 10 = 5
3 · 10 = 30   4 · 10 = 40   5 · 10 = 50
30 : 5 = 6   40 : 5 = 8   50 : 5 = 10
6 · 5 = 30   8 · 5 = 40   10 · 5 = 50

70

1 Ordne die Bilder. Rechne und beantworte die Fragen.

Lale, Tom, Maria und Ben haben je
10 € gespart.
Wie viel Geld haben die Kinder
insgesamt gespart?
10 € ⊙ 4 = 40 €

Antwort: Die Kinder haben
insgesamt 40 € gespart.

5 €   5 €
2€ 2€ 2€ 2€

Frau Klein hat 18 €. Sie verteilt es an
ihre beiden Kinder.
Wie viel Geld bekommt jedes Kind?
18 € ⊙ 2 = 9 €

Antwort:
Jedes Kind bekommt 9 €.

10 €   10 €
10 €   10 €

Eine Kinokarte kostet 6 €.
Anna kauft 2 Kinokarten.
Wie viel Geld muss sie bezahlen?
6 € ⊙ 2 = 12 €

Antwort: Anna muss 12 € bezahlen.

5€ 1€ 5€ 1€
5€ 1€ 5€ 1€
5€ 1€

Frau Rossi bezahlt insgesamt 30 €
für 5 Handtücher.
Wie viel Geld kostet ein Handtuch?
30 € ⊙ 5 = 6 €

Antwort: Ein Handtuch kostet 6 €.

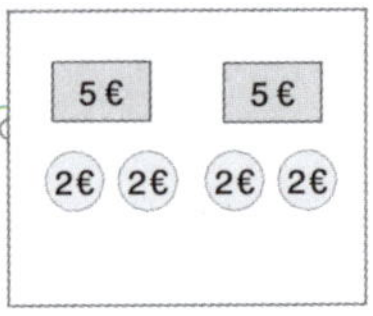

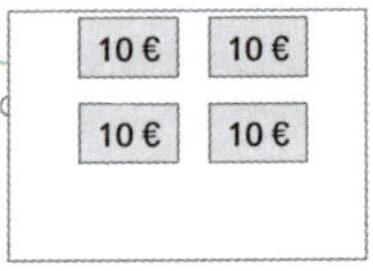

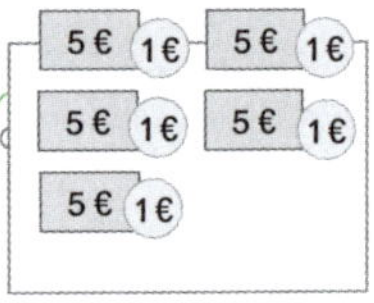

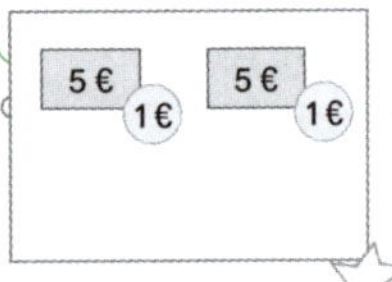

5 €   5 €
1€   1€

71

In jeder Reihe steckt ein Bild, das nicht dazu passt. Kreise ein.

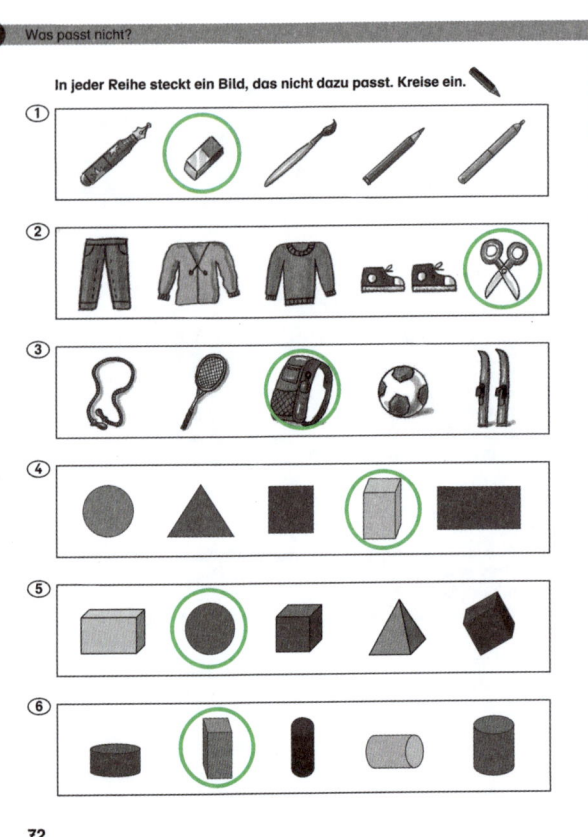

Das Geheimnis des Sternenhimmels

Auflösung Sternenbild: **Großer Bär**

72

Wir üben Plusaufgaben bis 100

①

17 + 7 = ___	26 + 5 = ___	39 + 3 = ___	47 + 5 = ___
16 + 6 = ___	28 + 6 = ___	38 + 4 = ___	49 + 8 = ___
19 + 9 = ___	29 + 4 = ___	37 + 6 = ___	45 + 7 = ___
18 + 8 = ___	28 + 3 = ___	39 + 8 = ___	47 + 8 = ___

②

55 + 6 = ___	37 + 8 = ___	28 + 9 = ___	64 + 9 = ___
35 + 7 = ___	65 + 9 = ___	45 + 8 = ___	56 + 7 = ___
67 + 4 = ___	57 + 6 = ___	77 + 9 = ___	42 + 9 = ___
46 + 9 = ___	34 + 8 = ___	53 + 8 = ___	74 + 7 = ___
37 + 7 = ___	45 + 5 = ___	85 + 6 = ___	64 + 8 = ___

Wir üben Minusaufgaben bis 100

①

21 − 3 = ___	33 − 4 = ___	47 − 8 = ___	51 − 4 = ___
22 − 6 = ___	34 − 7 = ___	42 − 4 = ___	54 − 5 = ___
28 − 9 = ___	32 − 3 = ___	43 − 6 = ___	53 − 7 = ___
24 − 6 = ___	31 − 5 = ___	46 − 8 = ___	52 − 5 = ___

②

31 − 6 = ___	72 − 5 = ___	44 − 9 = ___	21 − 2 = ___
75 − 8 = ___	46 − 9 = ___	83 − 7 = ___	85 − 7 = ___
52 − 7 = ___	31 − 8 = ___	65 − 9 = ___	74 − 8 = ___
41 − 3 = ___	52 − 8 = ___	33 − 5 = ___	91 − 7 = ___
63 − 4 = ___	86 − 7 = ___	97 − 9 = ___	38 − 9 = ___

Wir üben Plusaufgaben bis 100

①
17 + 7 = 24	26 + 5 = 31	39 + 3 = 42	47 + 5 = 52
16 + 6 = 22	28 + 6 = 34	38 + 4 = 42	49 + 8 = 57
19 + 9 = 28	29 + 4 = 33	37 + 6 = 43	45 + 7 = 52
18 + 8 = 26	28 + 3 = 31	39 + 8 = 47	47 + 8 = 55

②
55 + 6 = 61	37 + 8 = 45	28 + 9 = 37	64 + 9 = 73
35 + 7 = 42	65 + 9 = 74	45 + 8 = 53	56 + 7 = 63
67 + 4 = 71	57 + 6 = 63	77 + 9 = 86	42 + 9 = 51
46 + 9 = 55	34 + 8 = 42	53 + 8 = 61	74 + 7 = 81
37 + 7 = 44	45 + 5 = 50	85 + 6 = 91	64 + 8 = 72

Wir üben Minusaufgaben bis 100

①
21 − 3 = 18	33 − 4 = 29	47 − 8 = 39	51 − 4 = 47
22 − 6 = 16	34 − 7 = 27	42 − 4 = 38	54 − 5 = 49
28 − 9 = 19	32 − 3 = 29	43 − 6 = 37	53 − 7 = 46
24 − 6 = 18	31 − 5 = 26	46 − 8 = 38	52 − 5 = 47

②
31 − 6 = 25	72 − 5 = 67	44 − 9 = 35	21 − 2 = 19
75 − 8 = 67	46 − 9 = 37	83 − 7 = 76	85 − 7 = 78
52 − 7 = 45	31 − 8 = 23	65 − 9 = 56	74 − 8 = 66
41 − 3 = 38	52 − 8 = 44	33 − 5 = 28	91 − 7 = 84
63 − 4 = 59	86 − 7 = 79	97 − 9 = 88	38 − 9 = 29

1

10 − 4 = ___

40 − 4 = ___

10 − 6 = ___

50 − 6 = ___

10 − 7 = ___

30 − 7 = ___

10 − 5 = ___

50 − 5 = ___

10 − 8 = ___

30 − 8 = ___

10 − 9 = ___

40 − 9 = ___

2

10 − 1 = ___

60 − 1 = ___

10 − 3 = ___

80 − 3 = ___

10 − 6 = ___

70 − 6 = ___

10 − 2 = ___

50 − 2 = ___

10 − 0 = ___

90 − 0 = ___

10 − 7 = ___

90 − 7 = ___

3

80 − 3 = ___

70 − 3 = ___

60 − 3 = ___

___ − ___ = ___

___ − ___ = ___

20 − 6 = ___

30 − 6 = ___

40 − 6 = ___

___ − ___ = ___

___ − ___ = ___

90 − 8 = ___

80 − 8 = ___

70 − 8 = ___

___ − ___ = ___

___ − ___ = ___

1

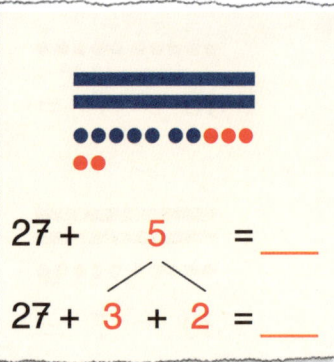

27 +   5   = ___
27 +   3 + 2   = ___

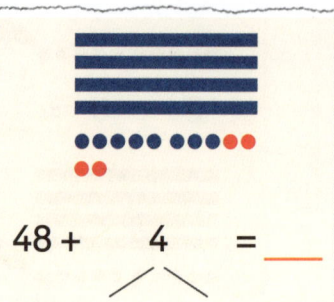

48 +   4   = ___
48 + ___ + ___ = ___

35 +   7   = ___
35 + ___ + ___ = ___

39 +   4   = ___
39 + ___ + ___ = ___

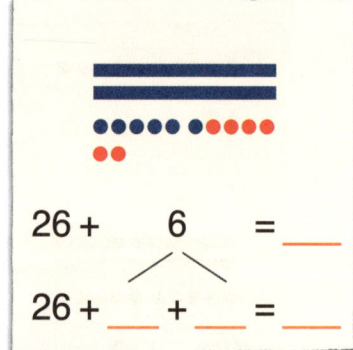

26 +   6   = ___
26 + ___ + ___ = ___

43 +   8   = ___
43 + ___ + ___ = ___

2

56 +   5   = ___
56 + ___ + ___ = ___

48 +   6   = ___
48 + ___ + ___ = ___

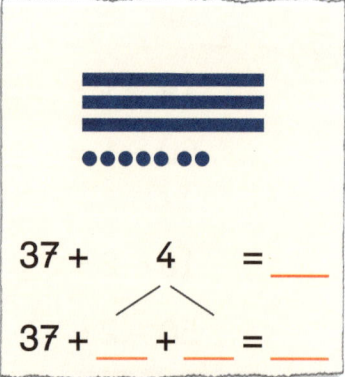

37 +   4   = ___
37 + ___ + ___ = ___

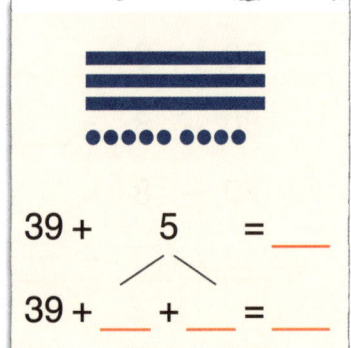

39 +   5   = ___
39 + ___ + ___ = ___

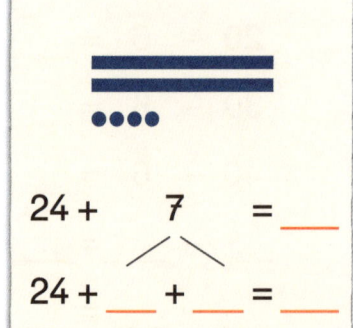

24 +   7   = ___
24 + ___ + ___ = ___

47 +   8   = ___
47 + ___ + ___ = ___

3

| 39 + 5 = ___ | 24 + 7 = ___ | 47 + 7 = ___ |
| 39 + 1 + 4 = ___ | 24 + ___ + ___ = ___ | 47 + ___ + ___ = ___ |

| 76 + 7 = ___ | 88 + 5 = ___ | 67 + 6 = ___ |
| 76 + ___ + ___ = ___ | 88 + ___ + ___ = ___ | 67 + ___ + ___ = ___ |

| 53 + 9 = ___ | 65 + 6 = ___ | 34 + 8 = ___ |
| 53 + ___ + ___ = ___ | 65 + ___ + ___ = ___ | 34 + ___ + ___ = ___ |

4

46 + 8

46 + 5

46 + 7

46 + 6

46 + 4 + 3

46 + 4 + 2

46 + 4 + 4

46 + 4 + 1

53

51

52

54

5

29 + 5 = ___	57 + 4 = ___	35 + 6 = ___
39 + 3 = ___	87 + 6 = ___	75 + 8 = ___
79 + 6 = ___	67 + 5 = ___	45 + 7 = ___
49 + 4 = ___	27 + 8 = ___	55 + 9 = ___
89 + 7 = ___	37 + 7 = ___	65 + 8 = ___

1

$62 - 5 =$ ___

$62 - 2 - 3 =$ ___

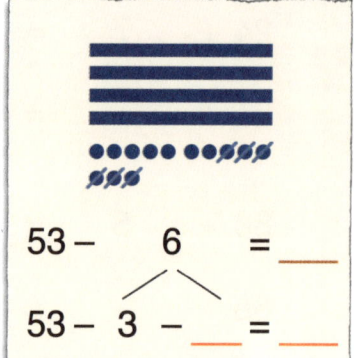

$53 - 6 =$ ___

$53 - 3 - \_\_ =$ ___

$44 - 7 =$ ___

$44 - \_\_ - \_\_ =$ ___

$51 - 4 =$ ___

$51 - \_\_ - \_\_ =$ ___

$45 - 8 =$ ___

$45 - \_\_ - \_\_ =$ ___

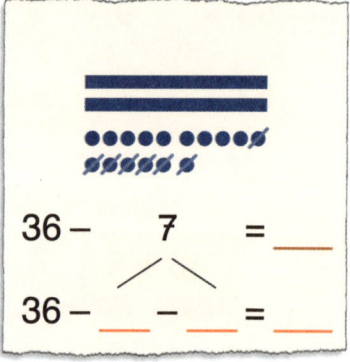

$36 - 7 =$ ___

$36 - \_\_ - \_\_ =$ ___

2

$63 - 5 =$ ___

$63 - \_\_ - \_\_ =$ ___

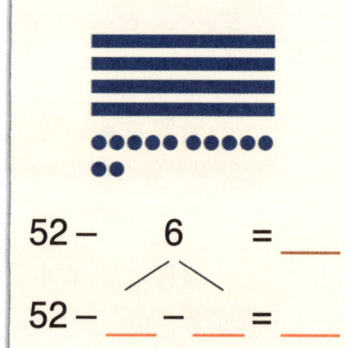

$52 - 6 =$ ___

$52 - \_\_ - \_\_ =$ ___

$41 - 7 =$ ___

$41 - \_\_ - \_\_ =$ ___

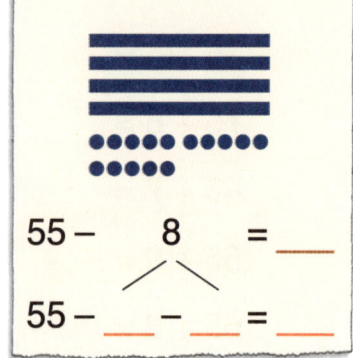

$55 - 8 =$ ___

$55 - \_\_ - \_\_ =$ ___

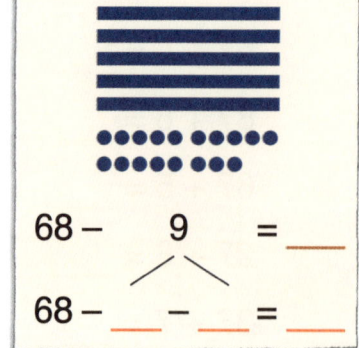

$68 - 9 =$ ___

$68 - \_\_ - \_\_ =$ ___

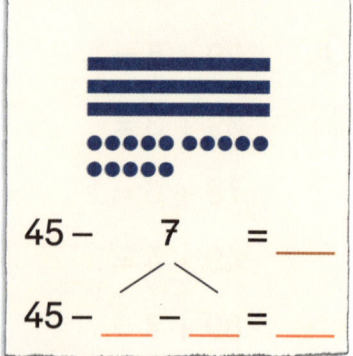

$45 - 7 =$ ___

$45 - \_\_ - \_\_ =$ ___

3

22 − 4 = ___ 22 − 2 − 2 = ___	35 − 7 = ___ 35 − ___ − ___ = ___	63 − 6 = ___ 63 − ___ − ___ = ___
41 − 5 = ___ 41 − ___ − ___ = ___	76 − 8 = ___ 76 − ___ − ___ = ___	94 − 7 = ___ 94 − ___ − ___ = ___
57 − 8 = ___ 57 − ___ − ___ = ___	83 − 7 = ___ 83 − ___ − ___ = ___	31 − 6 = ___ 31 − ___ − ___ = ___

4

53 − 4

53 − 5

53 − 6

53 − 7

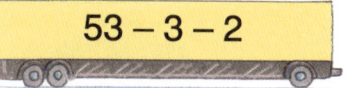 53 − 3 − 2

53 − 3 − 4

53 − 3 − 1

53 − 3 − 3

 46

 49

48

47

5

33 − 5 = ___   82 − 3 = ___   54 − 6 = ___

43 − 4 = ___   62 − 5 = ___   84 − 5 = ___

73 − 6 = ___   52 − 7 = ___   74 − 8 = ___

23 − 8 = ___   32 − 6 = ___   94 − 7 = ___

83 − 4 = ___   22 − 8 = ___   44 − 9 = ___

①

38 + 3 = ___
38 + 4 = ___
38 + 5 = ___
___ + ___ = ___

57 + 4 = ___
57 + 5 = ___
57 + 6 = ___
___ + ___ = ___

49 + 2 = ___
48 + 3 = ___
47 + 4 = ___
___ + ___ = ___

76 + 3 = ___
77 + 4 = ___
78 + 5 = ___
___ + ___ = ___

26 + 5 = ___
27 + 5 = ___
28 + 5 = ___
___ + ___ = ___

35 + 6 = ___
46 + 7 = ___
57 + 8 = ___
___ + ___ = ___

②

3

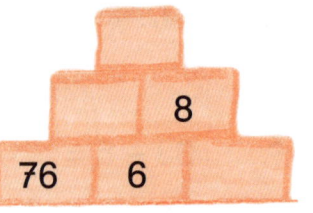

4 Verbinde.

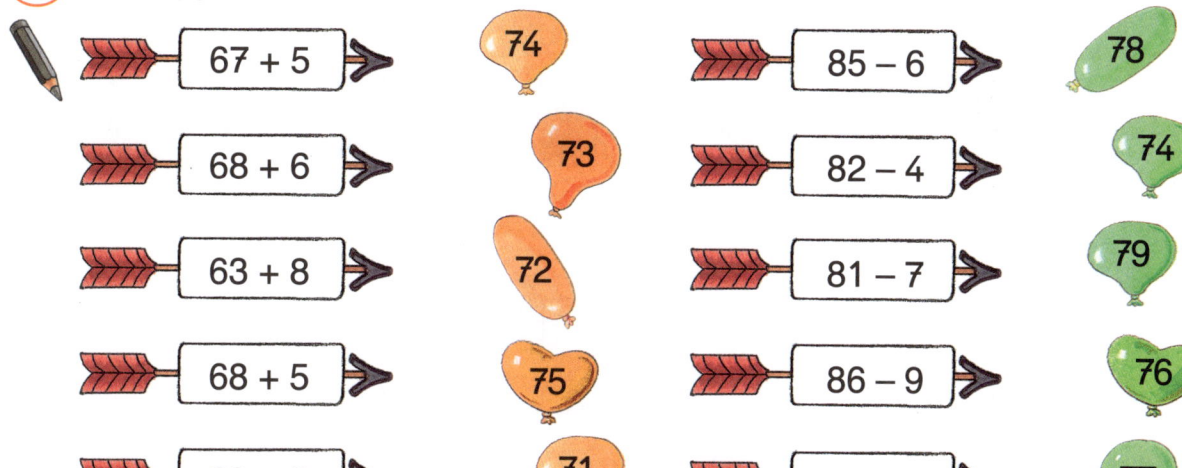

67 + 5 ➤		85 – 6 ➤
68 + 6 ➤		82 – 4 ➤
63 + 8 ➤		81 – 7 ➤
68 + 5 ➤		86 – 9 ➤
69 + 6 ➤		84 – 8 ➤

5 Rechne und färbe.

53 – 8   51 – 7   52 – 4   39 + 5

54 – 7   44   45   47   48   39 + 6

53 – 5   37 + 7   38 + 7   39 + 8

6

+	4	6	8
25			
36			

+	5	8	9
52			
85			

+	4	6	8
43			
64			

–	4	5	7
75			
93			

–	6	8	9
67			
84			

–	3	5	7
33			
56			

1 Male aus.

Würfel   Quader   Zylinder   Kugel   Pyramide

a)

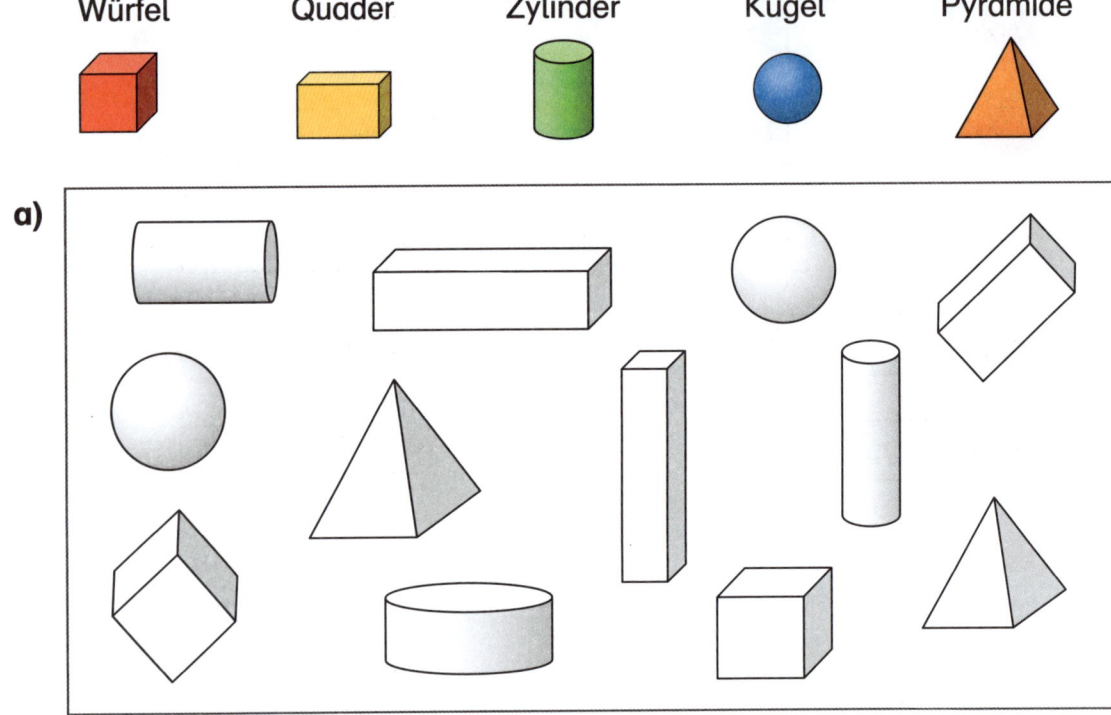

b)

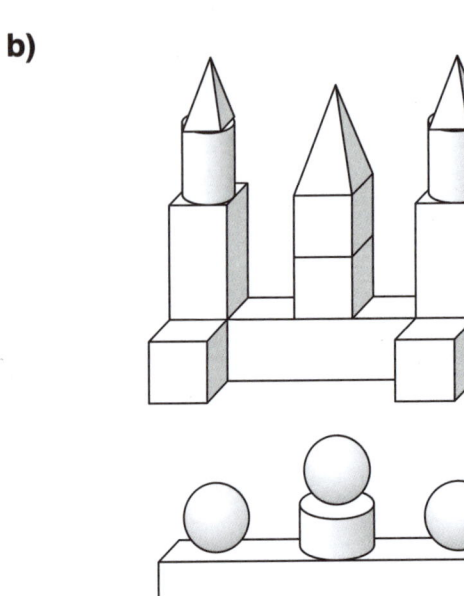

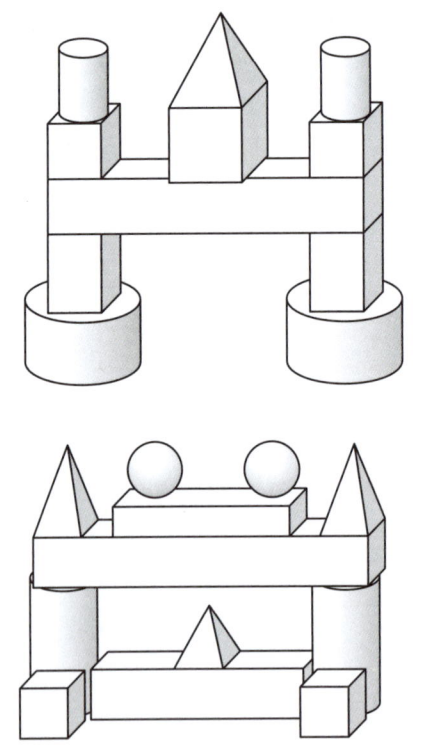

 **2** **Verbinde.**

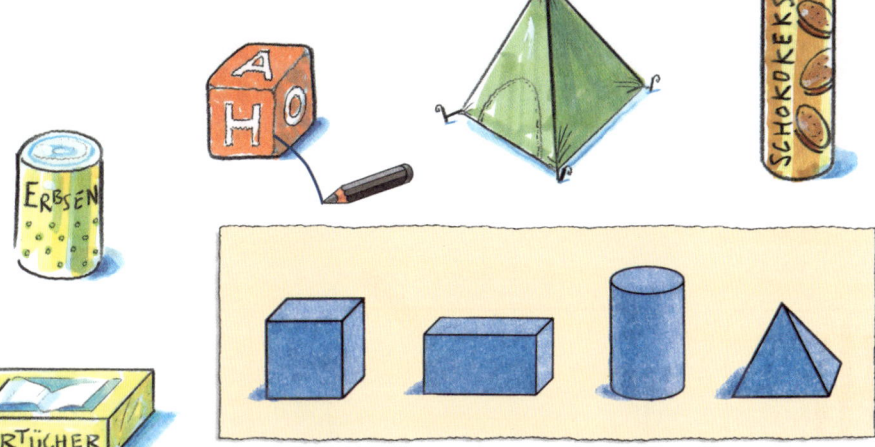

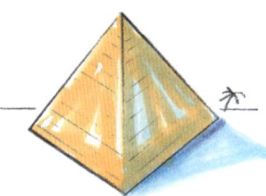

3 **Zähle.**

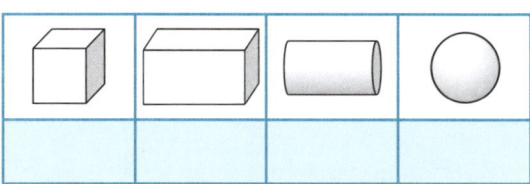

45

1

57 + ___ = ___   ___ + ___ = ___   ___ + ___ = ___

2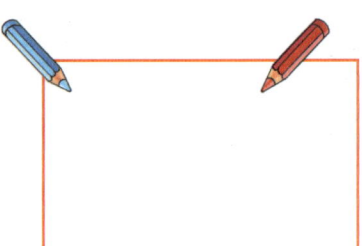

32 + 30 = ___   65 + 20 = ___   53 + 40 = ___

46 + 40 = ___   34 + 60 = ___   25 + 50 = ___

3

68 + 30 = ___	47 + 30 = ___	12 + 60 = ___
51 + 40 = ___	39 + 50 = ___	27 + 50 = ___
83 + 10 = ___	25 + 40 = ___	34 + 60 = ___
72 + 20 = ___	56 + 30 = ___	46 + 50 = ___

4

22 + 20 = ___	27 + 40 = ___	16 + 10 = ___
22 + 30 = ___	37 + 40 = ___	26 + 20 = ___
22 + 40 = ___	47 + 40 = ___	36 + 30 = ___
___ + ___ = ___	___ + ___ = ___	___ + ___ = ___

①

56 − 30 = ___   ___ − ___ = ___   ___ − ___ = ___

②

71 − 20 = ___   53 − 40 = ___   84 − 60 = ___

65 − 40 = ___   46 − 30 = ___   72 − 50 = ___

③ 54 − 20 = ___   65 − 20 = ___   94 − 30 = ___

72 − 10 = ___   49 − 30 = ___   82 − 50 = ___

66 − 30 = ___   58 − 50 = ___   73 − 60 = ___

91 − 40 = ___   93 − 60 = ___   67 − 40 = ___

④ 84 − 20 = ___   66 − 40 = ___   95 − 10 = ___

84 − 30 = ___   76 − 40 = ___   85 − 20 = ___

84 − 40 = ___   86 − 40 = ___   75 − 30 = ___

___ − ___ = ___   ___ − ___ = ___   ___ − ___ = ___

1 Wie spät ist es? Ergänze die beiden Uhrzeiten.

Immer zwei Uhrzeiten:
3 Uhr und 15 Uhr.

3 Uhr

15 Uhr

___ Uhr

___ Uhr

___ Uhr

___ Uhr

___ Uhr

___ Uhr

___ Uhr

___ Uhr

___ Uhr

___ Uhr

___ Uhr

___ Uhr

2 Verbinde.

18 Uhr   20 Uhr   24 Uhr   16 Uhr   13 Uhr

3 Trage die Zeiger in die Uhren ein. Ergänze.

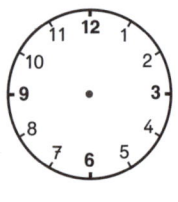
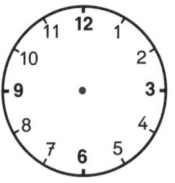
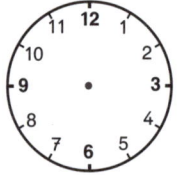

11 Uhr   7 Uhr   9 Uhr   5 Uhr

___ Uhr   ___ Uhr   ___ Uhr   ___ Uhr

Abfahrt **Ankunft**

Wie viele Stunden sind vergangen?

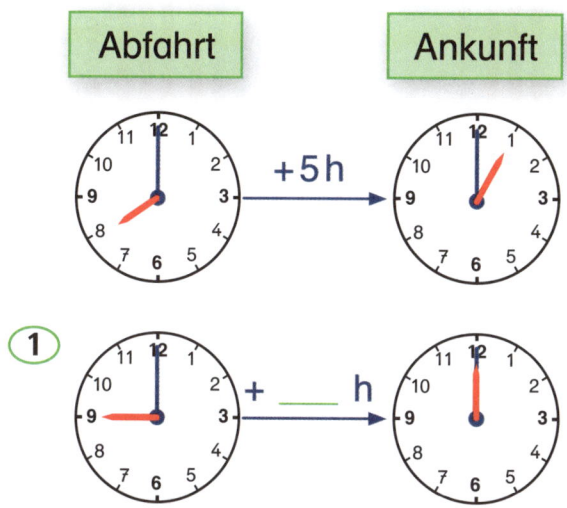

+5h

1

+ ___ h

+ ___ h

+ ___ h

+ ___ h

+ ___ h

+ ___ h

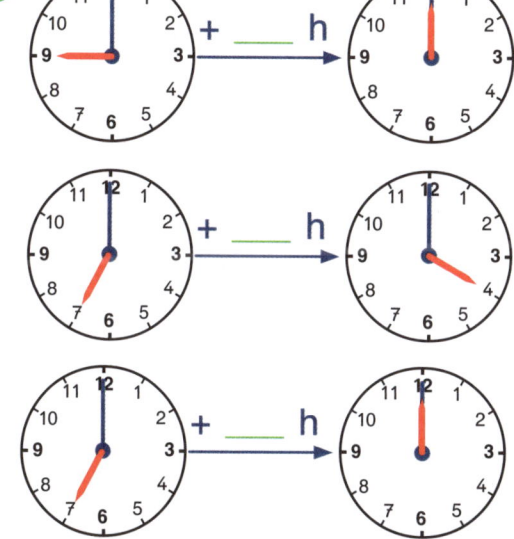
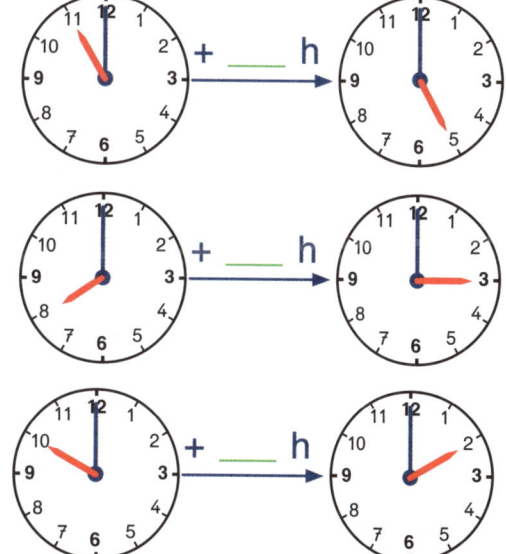

2 Von 7.00 Uhr bis 11.00 Uhr vergehen ___ Stunden.

Von 9.00 Uhr bis 14.00 Uhr vergehen ___ Stunden.

Von 16.00 Uhr bis 21.00 Uhr vergehen ___ Stunden.

Von 6.00 Uhr bis 12.00 Uhr vergehen ___ Stunden.

3

+5h

+7h

+6h

+5h

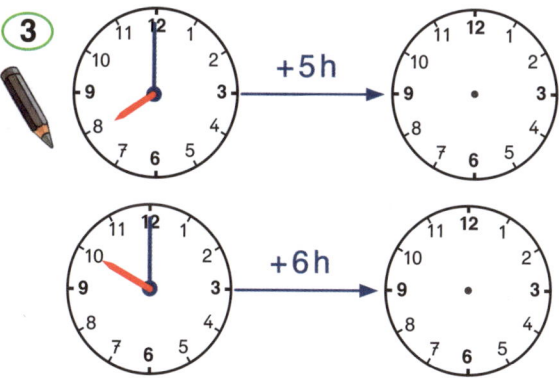
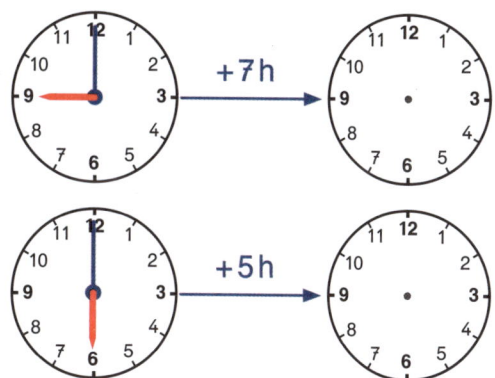

①  Addiere erst die Zehner und dazu dann die Einer.

55 + 34 = 89

55 + 30 = 85

85 + 4 = 89

43 + 45 =

43 + 40 = ___

___ + ___ = ___

32 + 36 = ___

___ + ___ = ___

___ + ___ = ___

73 + 24 = ___

___ + ___ = ___

___ + ___ = ___

56 + 43 = ___

___ + ___ = ___

___ + ___ = ___

44 + 32 = ___

___ + ___ = ___

___ + ___ = ___

65 + 23 = ___

___ + ___ = ___

___ + ___ = ___

31 + 56 = ___

___ + ___ = ___

___ + ___ = ___

② 53 + 32 = ___

___ + ___ = ___

___ + ___ = ___

32 + 46 = ___

___ + ___ = ___

___ + ___ = ___

22 + 64 = ___

___ + ___ = ___

___ + ___ = ___

66 + 22 = ___

___ + ___ = ___

___ + ___ = ___

45 + 53 = ___

___ + ___ = ___

___ + ___ = ___

11 + 47 = ___

___ + ___ = ___

___ + ___ = ___

① Subtrahiere erst die Zehner und dann vom Ergebnis die Einer.

$48 - 23 = 25$

$48 - 20 = 28$

$28 - \ 3 = 25$

$86 - 34 = $ _____

$86 - 30 = $ _____

_____ $- \ 4 = $ _____

$97 - 45 = $ _____

_____ $-$ _____ $=$ _____

_____ $-$ _____ $=$ _____

$78 - 54 = $ _____

_____ $-$ _____ $=$ _____

_____ $-$ _____ $=$ _____

$89 - 46 = $ _____

_____ $-$ _____ $=$ _____

_____ $-$ _____ $=$ _____

$85 - 34 = $ _____

_____ $-$ _____ $=$ _____

_____ $-$ _____ $=$ _____

$66 - 45 = $ _____

_____ $-$ _____ $=$ _____

_____ $-$ _____ $=$ _____

$58 - 26 = $ _____

_____ $-$ _____ $=$ _____

_____ $-$ _____ $=$ _____

② $38 - 23 = $ _____

_____ $-$ _____ $=$ _____

_____ $-$ _____ $=$ _____

$85 - 65 = $ _____

_____ $-$ _____ $=$ _____

_____ $-$ _____ $=$ _____

$93 - 82 = $ _____

_____ $-$ _____ $=$ _____

_____ $-$ _____ $=$ _____

$47 - 45 = $ _____

_____ $-$ _____ $=$ _____

_____ $-$ _____ $=$ _____

$68 - 34 = $ _____

_____ $-$ _____ $=$ _____

_____ $-$ _____ $=$ _____

$84 - 72 = $ _____

_____ $-$ _____ $=$ _____

_____ $-$ _____ $=$ _____

①

42 + 6 = ___	34 + 5 = ___	53 + 6 = ___
42 + 16 = ___	34 + 15 = ___	53 + 16 = ___
42 + 26 = ___	34 + 25 = ___	53 + 26 = ___
___ + ___ = ___	___ + ___ = ___	___ + ___ = ___

68 − 5 = ___	79 − 4 = ___	87 − 4 = ___
68 − 15 = ___	79 − 14 = ___	87 − 14 = ___
68 − 25 = ___	79 − 24 = ___	87 − 24 = ___
___ − ___ = ___	___ − ___ = ___	___ − ___ = ___

② **Verbinde.**

74 + 5 =		77
57 + 20 =		76
51 + 25 =		79
43 + 35 =		75
32 + 43 =		78

37 − 6 =		33
63 − 30 =		31
76 − 42 =		32
69 − 34 =		35
55 − 23 =		34

③ **Rechne und färbe.**

93 − 40   59 − 5   43 + 12   78 − 25

59 − 3 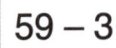     32 + 23

76 − 21   26 + 30   85 − 32   14 + 40

52

1 **Verbinde. Rechne und beantworte die Fragen.**

Max hat 54 € gespart. Zum Geburtstag bekommt er 22 € geschenkt.
Wie viel Geld hat Max nun?

54 € ◯ ___ € = ___ €

| 10 € | 20 € | ~~20 €~~ |

2€   ~~2€~~

Antwort: _____

_____

Herr Schulz hat 54 €.
Er bezahlt 22 € für seinen Einkauf.
Wie viel Geld bleibt übrig?

54 € ◯ ___ € = ___ €

| 10 € | 20 € | 20 € |

20 €   2€   2€   2€

Antwort: _____

_____

Ben hat 42 € gespart.
Er kauft sich einen Baukasten für 21 €.
Wie viel Geld hat er noch?

42 € ◯ ___ € = ___ €

10 €   10 €
10 €   10 €
1€   1€

Antwort: _____

_____

Auf Annes Platz liegen 21 €.
Maria hat doppelt so viel Geld.
Wie viel Geld hat Maria?

21 € ◯ ___ € = ___ €

10 €   ~~10 €~~
10 €   ~~10 €~~
1€   ~~1€~~

Antwort: _____

_____

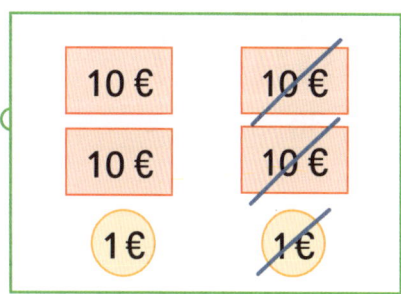

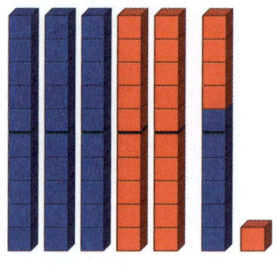

36 + 25

$$36 + 25 = 61$$
$$30 + 20 = 50$$
$$6 + 5 = 11$$
$$50 + 11 = 61$$

Addiere erst die Zehner und dann die Einer. Addiere danach beide Ergebnisse.

1 **Rechne.**

57 + 25 = ___

50 + 20 = ___

7 + 5 = ___

___ + ___ = ___

48 + 36 = ___

___ + ___ = ___

___ + ___ = ___

___ + ___ = ___

69 + 26 = ___

___ + ___ = ___

___ + ___ = ___

___ + ___ = ___

36 + 37 = ___

___ + ___ = ___

___ + ___ = ___

___ + ___ = ___

26 + 46 = ___

___ + ___ = ___

___ + ___ = ___

___ + ___ = ___

47 + 47 = ___

___ + ___ = ___

___ + ___ = ___

___ + ___ = ___

Ergänze die Einer mit rotem Stift.

②

29 + 34 = _____

20 + 30 = _____

___ + ___ = _____

___ + ___ = _____

38 + 28 = _____

___ + ___ = _____

___ + ___ = _____

___ + ___ = _____

45 + 37 = _____

___ + ___ = _____

___ + ___ = _____

___ + ___ = _____

57 + 26 = _____

___ + ___ = _____

___ + ___ = _____

___ + ___ = _____

38 + 56 = _____

___ + ___ = _____

___ + ___ = _____

___ + ___ = _____

69 + 15 = _____

___ + ___ = _____

___ + ___ = _____

___ + ___ = _____

③ 28 + 37 = _____

___ + ___ = _____

___ + ___ = _____

___ + ___ = _____

39 + 42 = _____

___ + ___ = _____

___ + ___ = _____

___ + ___ = _____

46 + 46 = _____

___ + ___ = _____

___ + ___ = _____

___ + ___ = _____

76 + 18 = _____

___ + ___ = _____

___ + ___ = _____

___ + ___ = _____

57 + 34 = _____

___ + ___ = _____

___ + ___ = _____

___ + ___ = _____

63 + 28 = _____

___ + ___ = _____

___ + ___ = _____

___ + ___ = _____

2. Weg

Erst die Zehner addieren und dann dazu die Einer.

46 + 25 = 71

46 + 20 = 66

66 + 5 = 71

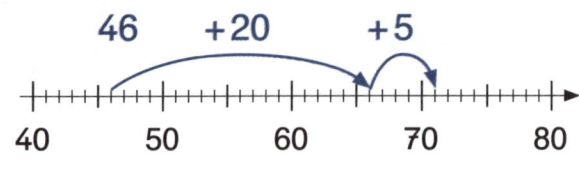

① 37 + 26 = ____

37 + 20 = ____

____ + ____ = ____

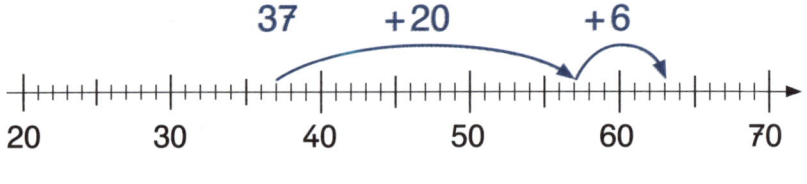

28 + 38 = ____

____ + ____ = ____

____ + ____ = ____

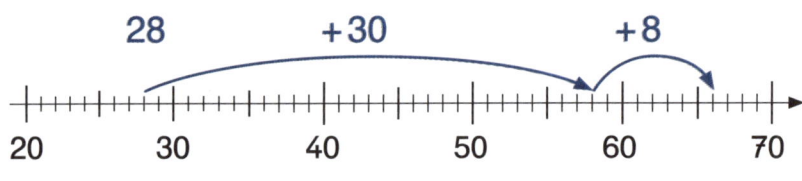

36 + 36 = ____

____ + ____ = ____

____ + ____ = ____

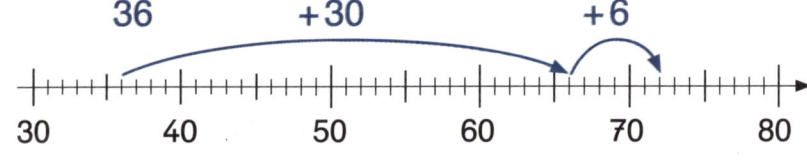

46 + 27 = ____

____ + ____ = ____

____ + ____ = ____

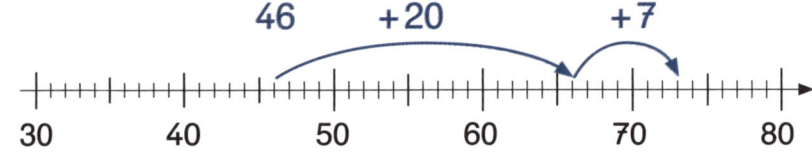

47 + 37 = ____

____ + ____ = ____

____ + ____ = ____

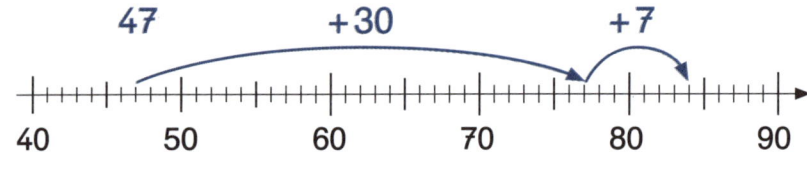

54 + 29 = ____

____ + ____ = ____

____ + ____ = ____

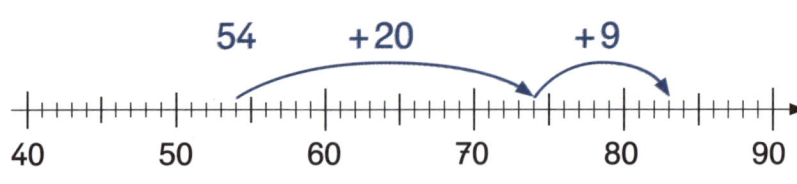

(2) 68 + 24 = _____

___ + ___ = ___

___ + ___ = ___

59 + 27 = _____

___ + ___ = ___

___ + ___ = ___

45 + 38 = _____

___ + ___ = ___

___ + ___ = ___

28 + 25 = _____

___ + ___ = ___

___ + ___ = ___

38 + 44 = _____

___ + ___ = ___

___ + ___ = ___

57 + 34 = _____

___ + ___ = ___

___ + ___ = ___

37 + 37 = _____

___ + ___ = ___

___ + ___ = ___

77 + 15 = _____

___ + ___ = ___

___ + ___ = ___

56 + 37 = _____

___ + ___ = ___

___ + ___ = ___

45 + 46 = _____

___ + ___ = ___

___ + ___ = ___

64 + 28 = _____

___ + ___ = ___

___ + ___ = ___

26 + 46 = _____

___ + ___ = ___

___ + ___ = ___

3 **a)** 26 + 7 = ___

26 + 17 = ___

26 + 27 = ___

___ + ___ = ___

48 + 6 = ___

48 + 16 = ___

48 + 26 = ___

___ + ___ = ___

37 + 8 = ___

37 + 18 = ___

37 + 28 = ___

___ + ___ = ___

b) 25 + 7 = ___

25 + 27 = ___

25 + 47 = ___

___ + ___ = ___

16 + 6 = ___

16 + 26 = ___

16 + 46 = ___

___ + ___ = ___

29 + 5 = ___

29 + 25 = ___

29 + 45 = ___

___ + ___ = ___

① Subtrahiere erst die Zehner und dann vom Ergebnis die Einer.

64 − 36 = 28

64 − 30 = 34

34 − 6 = 28

72 − 24 =

72 − 20 = ___

___ − 4 = ___

84 − 35 = ___

___ − ___ = ___

___ − ___ = ___

65 − 27 = ___

___ − ___ = ___

___ − ___ = ___

93 − 36 = ___

___ − ___ = ___

___ − ___ = ___

57 − 38 = ___

___ − ___ = ___

___ − ___ = ___

71 − 44 = ___

___ − ___ = ___

___ − ___ = ___

82 − 37 = ___

___ − ___ = ___

___ − ___ = ___

74 − 37 = ___

___ − ___ = ___

___ − ___ = ___

63 − 47 = ___

___ − ___ = ___

___ − ___ = ___

94 − 46 = ___

___ − ___ = ___

___ − ___ = ___

2

62 − 34 = ____

___ − ___ = ___

___ − ___ = ___

53 − 35 = ____

___ − ___ = ___

___ − ___ = ___

91 − 54 = ____

___ − ___ = ___

___ − ___ = ___

84 − 48 = ____

___ − ___ = ___

___ − ___ = ___

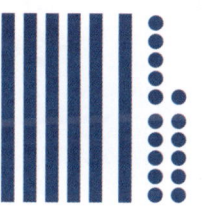

76 − 39 = ____

___ − ___ = ___

___ − ___ = ___

85 − 67 = ____

___ − ___ = ___

___ − ___ = ___

64 − 57 = ____

___ − ___ = ___

___ − ___ = ___

52 − 46 = ____

___ − ___ = ___

___ − ___ = ___

75 − 48 = ____

___ − ___ = ___

___ − ___ = ___

3

81 − 53 = ____

___ − ___ = ___

___ − ___ = ___

92 − 44 = ____

___ − ___ = ___

___ − ___ = ___

95 − 37 = ____

___ − ___ = ___

___ − ___ = ___

84 − 56 = ____

___ − ___ = ___

___ − ___ = ___

66 − 58 = ____

___ − ___ = ___

___ − ___ = ___

73 − 55 = ____

___ − ___ = ___

___ − ___ = ___

6 mal 2 Kirschen
sind ____ Kirschen.

1

2 + 2 + 2 = ___   2 + ___ + ___ + ___ + ___ + ___ = ___

3 · 2 = ___   ___ · ___ = ___

___ + ___ + ___ + ___ = ___   ___ + ___ + ___ + ___ + ___ = ___

___ · ___ = ___   ___ · ___ = ___

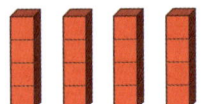   

___ + ___ + ___ + ___ = ___   ___ + ___ + ___ + ___ + ___ = ___

___ · ___ = ___   ___ · ___ = ___

2

___ + ___ + ___ = ___   ___ + ___ + ___ + ___ + ___ = ___

___ · ___ = ___   ___ · ___ = ___

___ + ___ + ___ + ___ = ___   ___ + ___ + ___ + ___ + ___ = ___

___ · ___ = ___   ___ · ___ = ___

3 Male und rechne.

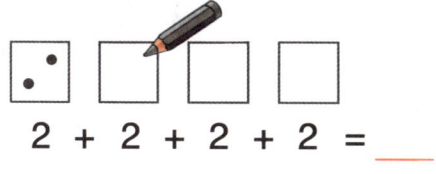

2 + 2 + 2 + 2 = ___

___ · ___ = ___

4 + 4 + 4 + 4 + 4 = ___

___ · ___ = ___

5 + 5 + 5 + 5 = ___

___ · ___ = ___

3 + 3 + 3 + 3 + 3 = ___

___ · ___ = ___

4 Wie heißt die Malaufgabe?

6 + 6 + 6 + 6 = ___

___ · ___ = ___

2 + 2 + 2 + 2 + 2 = ___

___ · ___ = ___

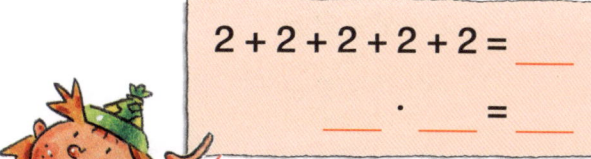

7 + 7 + 7 = ___

___ · ___ = ___

8 + 8 + 8 + 8 = ___

___ · ___ = ___

5 Verbinde.

6 · 3 = ___

3 · 6 = ___

5 · 4 = ___

4 · 5 = ___

5 · 5 = ___

6 + 6 + 6 + = ___

3 + 3 + 3 + 3 + 3 + 3 = ___

5 + 5 + 5 + 5 = ___

5 + 5 + 5 + 5 + 5 = ___

4 + 4 + 4 + 4 + 4 = ___

①

2
___ · 2 = ___

2 + 2 = ___
___ · 2 = ___

2 + 2 + 2 + 2 = ___
___ · 2 = ___

2 + 2 + 2 + 2 + 2 = ___
___ · 2 = ___

2 + 2 + 2 + 2 + 2 + 2 = ___
___ · 2 = ___

2 + 2 + 2 = ___
___ · 2 = ___

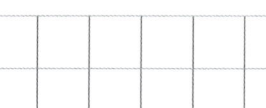
2 + 2 + 2 + 2 + 2 + 2 + 2 = ___
___ · 2 = ___

② **Male und löse die Aufgabe.**

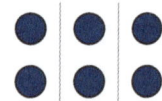

5 · 2 = ___

8 · 2 = ___

7 · 2 = ___

9 · 2 = ___

③ **Immer 2 mehr**

1 · 2 = ___   4 · 2 = ___

2 · 2 = ___   5 · 2 = ___   7 · 2 = ___   9 · 2 = ___

3 · 2 = ___   6 · 2 = ___   8 · 2 = ___   10 · 2 = ___

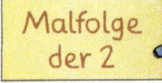
Malfolge der 2

1

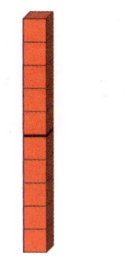 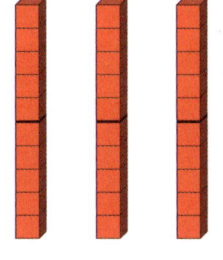 

10   10 + 10 + 10 = ___   10 + 10 + 10 + 10 + 10 = ___

___ · 10 = ___   ___ · 10 = ___   ___ · 10 = ___

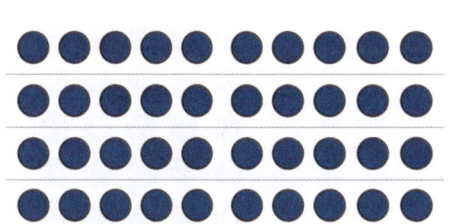 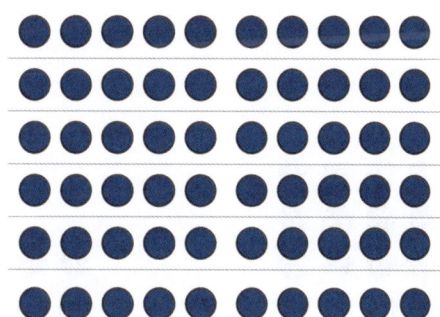

10 + 10 + 10 + 10 = ___   10 + 10 + 10 + 10 + 10 + 10 = ___

___ · 10 = ___   ___ · 10 = ___

2 **Male und löse die Aufgabe.**

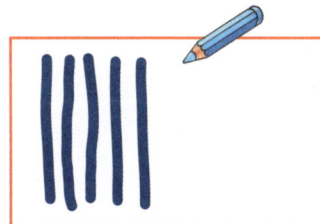  

7 · 10 = ___   9 · 10 = ___   8 · 10 = ___

3 **Immer 10 mehr**

Malfolge
der 10

1 · 10 = ___   4 · 10 = ___

2 · 10 = ___   5 · 10 = ___   7 · 10 = ___   9 · 10 = ___

3 · 10 = ___   6 · 10 = ___   8 · 10 = ___   10 · 10 = ___

1

5

___ · 5 = ___

5 + 5 = ___

___ · 5 = ___

5 + 5 + 5 + 5 = ___

___ · 5 = ___

5 + 5 + 5 + 5 + 5 + 5 + 5 = ___

___ · 5 = ___

5 + 5 + 5 + 5 = ___

___ · 5 = ___

5 + 5 + 5 + 5 + 5 = ___

___ · 5 = ___

5 + 5 + 5 = ___

___ · 5 = ___

5 + 5 + 5 + 5 + 5 + 5 = ___

___ · 5 = ___

2 **Male und löse die Aufgabe.**

 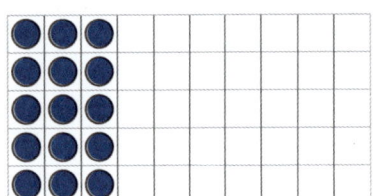

8 · 5 = ___

9 · 5 = ___

3 **Immer 5 mehr**

1 · 5 = ___   4 · 5 = ___

2 · 5 = ___   5 · 5 = ___   7 · 5 = ___   9 · 5 = ___

3 · 5 = ___   6 · 5 = ___   8 · 5 = ___   10 · 5 = ___

Malfolge der 5

1 **Färbe:**

a) alle Zahlen der Malfolge der 2

| 8 | 12 | 13 | 18 | 15 | 10 | 20 | 17 | 14 | 11 |

b) alle Zahlen der Malfolge der 10

| 20 | 39 | 50 | 77 | 10 | 80 | 45 | 84 | 100 | 90 |

c) alle Zahlen der Malfolge der 5

| 16 | 15 | 30 | 42 | 45 | 29 | 20 | 50 | 5 | 33 |

2 **Verbinde.**

a)

8 · 2	12
6 · 2	14
5 · 2	16
7 · 2	8
4 · 2	10

b)

7 · 10	70
9 · 10	100
6 · 10	40
10 · 10	90
4 · 10	60

c)

4 · 5	15
3 · 5	20
5 · 5	45
8 · 5	25
9 · 5	40

3 **Ergänze die Tabelle.**

·	2	10	5
3	6		
5			
7			

·	2	10	5
4			
8			
9			

·	2	10	5
2			
6			
10			

1

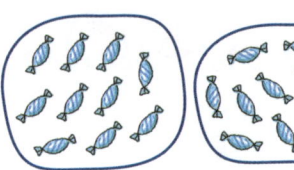

8 : 2 = 4

15 : 5 = ___

20 : 10 = ___

4 · 2 = ___

___ · ___ = ___

___ · ___ = ___

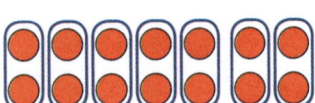
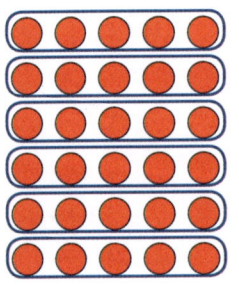
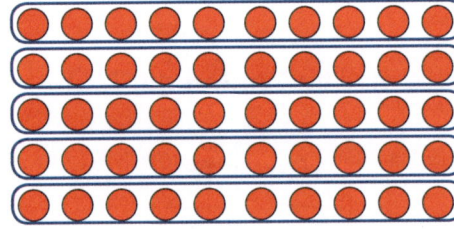

14 : ___ = ___

30 : ___ = ___

50 : ___ = ___

___ · ___ = ___

___ · ___ = ___

___ · ___ = ___

2 **Kreise ein und rechne.**

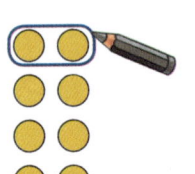
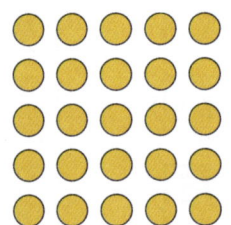
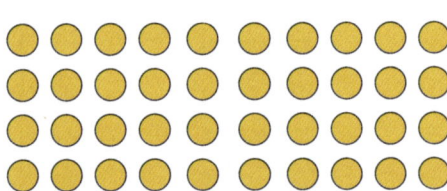

8 : 2 = ___

25 : 5 = ___

40 : 10 = ___

___ · 2 = ___

___ · ___ = ___

___ · ___ = ___

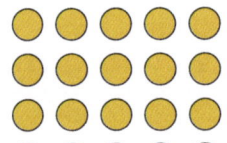
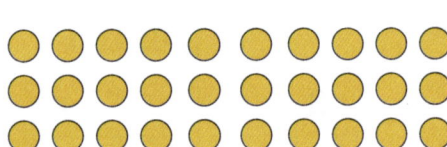

10 : 2 = ___

20 : 5 = ___

30 : 10 = ___

___ · ___ = ___

___ · ___ = ___

___ · ___ = ___

1

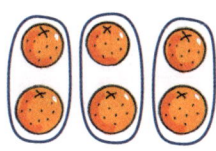 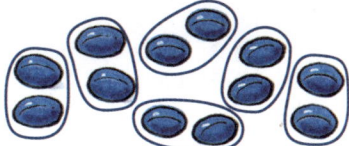 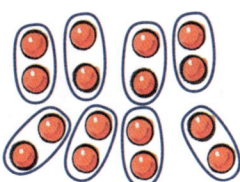

6 : 2 = 3   12 : 2 = ___   16 : 2 = ___

3 · 2 = ___   ___ · 2 = ___   ___ · 2 = ___

2 **Kreise ein und rechne.**

14 : 2 = ___   8 : 2 = ___   20 : 2 = ___

___ · 2 = ___   ___ · 2 = ___   ___ · 2 = ___

  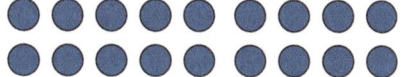

4 : 2 = ___   10 : 2 = ___   18 : 2 = ___

___ · 2 = ___   ___ · 2 = ___   ___ · 2 = ___

3

Ich löse erst die Malaufgabe.

12 : 2 = ___   6 : 2 = ___
___ · 2 = ___   ___ · 2 = ___

2 : 2 = ___   16 : 2 = ___   8 : 2 = ___   4 : 2 = ___
___ · 2 = ___   ___ · 2 = ___   ___ · 2 = ___   ___ · 2 = ___

10 : 2 = ___   18 : 2 = ___   14 : 2 = ___   20 : 2 = ___
___ · 2 = ___   ___ · 2 = ___   ___ · 2 = ___   ___ · 2 = ___

Dividieren durch 10

1

 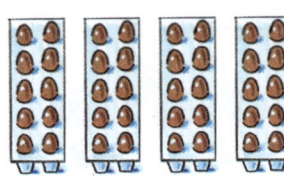 

20 : 10 = ___   40 : 10 = ___   30 : 10 = ___

___ · 10 = ___   ___ · 10 = ___   ___ · 10 = ___

2 Kreise ein und rechne.

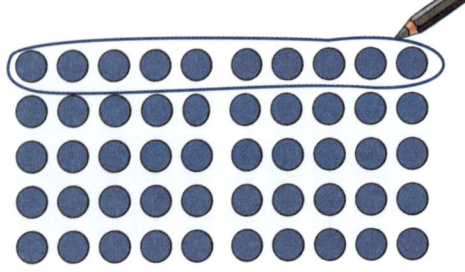 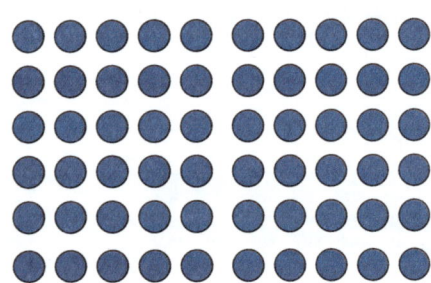

50 : 10 = ___   60 : 10 = ___

___ · 10 = ___   ___ · 10 = ___

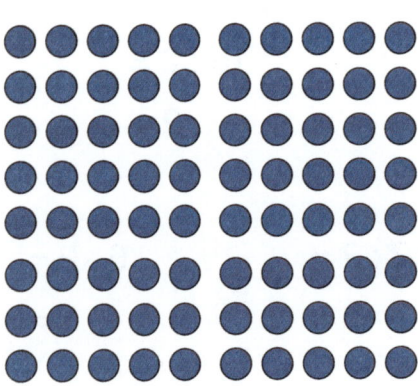 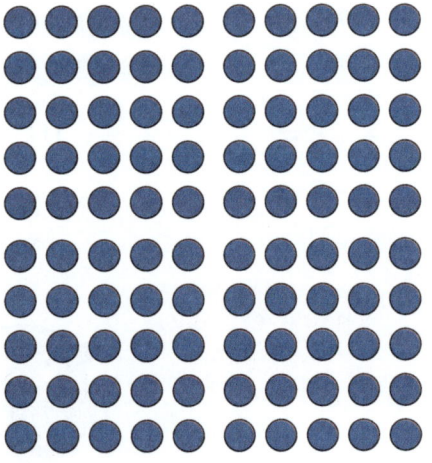

80 : 10 = ___   100 : 10 = ___

___ · 10 = ___   ___ · 10 = ___

3

30 : 10 = ___ | 70 : 10 = ___ | 90 : 10 = ___ | 10 : 10 = ___

___ · 10 = ___ | ___ · 10 = ___ | ___ · 10 = ___ | ___ · 10 = ___

1

10 : 5 = ___   15 : 5 = ___   25 : 5 = ___

___ · 5 = ___   ___ · 5 = ___   ___ · 5 = ___

2 **Kreise ein und rechne.**

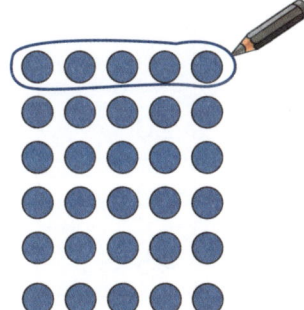 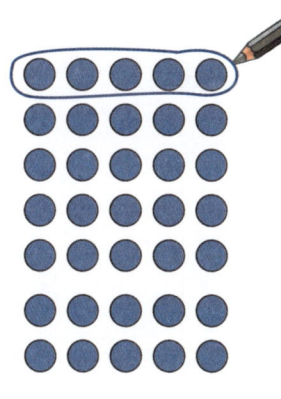

30 : 5 = ___   35 : 5 = ___

___ · 5 = ___   ___ · 5 = ___

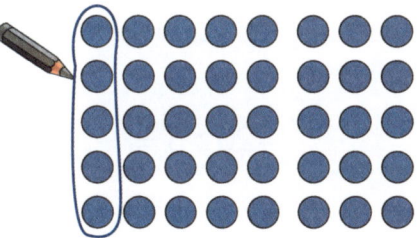 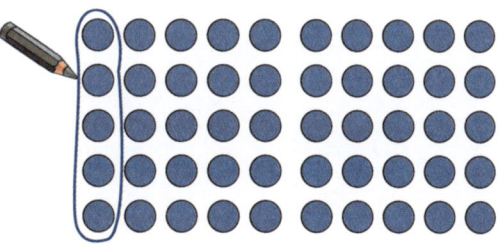

40 : 5 = ___   50 : 5 = ___

___ · 5 = ___   ___ · 5 = ___

3

5 : 5 = ___	20 : 5 = ___	30 : 5 = ___	45 : 5 = ___
___ · 5 = ___	___ · 5 = ___	___ · 5 = ___	___ · 5 = ___

1

15 : 5 = ____

30 : 10 = ____

18 : 2 = ____

40 : 5 = ____

14 : 2 = ____

3 · 10 = ____

9 · 2 = ____

3 · 5 = ____

7 · 2 = ____

8 · 5 = ____

2

:2 →	
6	
10	
16	
20	

:10 →	
40	
60	
80	
100	

:5 →	
5	
20	
50	
45	

3

10 : 2 = ____   10 : 10 = ____   10 : 5 = ____

____ · 2 = ____   ____ · 10 = ____   ____ · 5 = ____

20 : 2 = ____   20 : 10 = ____   20 : 5 = ____

____ · 2 = ____   ____ · 10 = ____   ____ · 5 = ____

30 : 10 = ____

____ · 10 = ____

30 : 5 = ____

____ · 5 = ____

40 : 10 = ____

____ · 10 = ____

40 : 5 = ____

____ · 5 = ____

50 : 10 = ____

____ · 10 = ____

50 : 5 = ____

____ · 5 = ____

1  **Ordne die Bilder. Rechne und beantworte die Fragen.**

 Lale, Tom, Maria und Ben haben je
10 € gespart.
Wie viel Geld haben die Kinder
insgesamt gespart?

10 € ○ ___ = ___ €

5 €   5 €

2€ 2€ 2€ 2€

Antwort: _____

_____

Frau Klein hat 18 €. Sie verteilt es an
ihre beiden Kinder.
Wie viel Geld bekommt jedes Kind?

18 € ○ ___ = ___ €

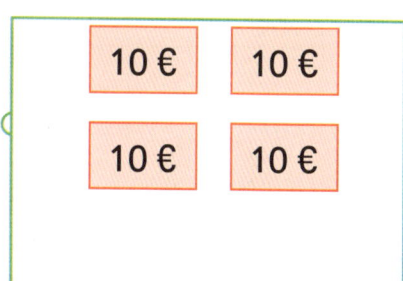

10 €   10 €

10 €   10 €

Antwort: _____

_____

Eine Kinokarte kostet 6 €.
Anna kauft 2 Kinokarten.
Wie viel Geld muss sie bezahlen?

6 € ○ ___ = ___ €

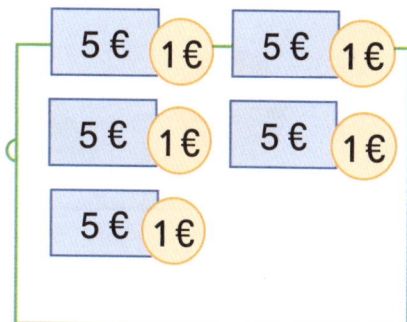

5 € 1€   5 € 1€

5 € 1€   5 € 1€

5 € 1€

Antwort: _____

_____

Frau Rossi bezahlt insgesamt 30 €
für 5 Handtücher.
Wie viel Geld kostet ein Handtuch?

30 € ○ ___ = ___ €

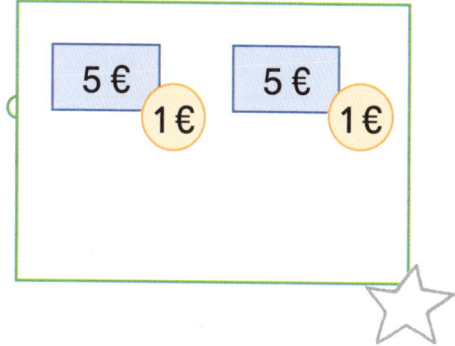

5 €   5 €

1€   1€

Antwort: _____

_____

In jeder Reihe steckt ein Bild, das nicht dazu passt. Kreise ein.